CB064336

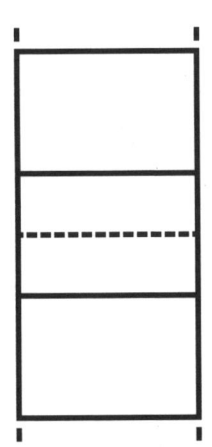

TANDE
A VIDA É
UM JOGO

AGIR

© 2019 by Tande

Direitos de edição da obra em língua portuguesa no Brasil adquiridos pela Agir, selo da EDITORA NOVA FRONTEIRA PARTICIPAÇÕES S.A. Todos os direitos reservados. Nenhuma parte desta obra pode ser apropriada e estocada em sistema de banco de dados ou processo similar, em qualquer forma ou meio, seja eletrônico, de fotocópia, gravação etc., sem a permissão do detentor do copirraite.

Todos os esforços foram feitos para identificar corretamente a origem das fotos reproduzidas no caderno de imagens deste livro. Nem sempre foi possível. Teremos prazer em creditar as fontes, caso se manifestem, nas próximas edições.

Páginas 1, 2, 3, 4 (superior), 5, 9, 11, 14 e 15: Acervo pessoal do autor. | Página 4 (inferior): Foto Ivon Gonzales/ Agência O Globo. | Páginas 6 e 7: Foto Professional Sport/Popperfoto/Getty Images. | Página 8 (superior): Foto Anibal Philot / Agência O Globo. | Página 8 (inferior): Foto Fábio M. Salles/ Estadão Conteúdo. | Página 10: Foto J.F. Diorio/ Estadão Conteúdo. | Página 12: Matéria de jornal sobre o rei do vôlei de praia - O Globo. Rio de Janeiro, 1 fev 1999. p.4/ Agência O Globo. | Página 13: Foto Vanderlei Almeida/AFP/ Getty Images. | Página 16: Foto Meg Franchelli.

EDITORA NOVA FRONTEIRA PARTICIPAÇÕES S.A.
Rua Candelária, 60 — 7º andar — Centro — 20091-020
Rio de Janeiro — RJ — Brasil
Tel.: (21) 3882-8200 — Fax: (21) 3882-8212/8313

CIP-BRASIL. CATALOGAÇÃO NA PUBLICAÇÃO
SINDICATO NACIONAL DOS EDITORES DE LIVROS, RJ

T167v Tande
    A vida é um jogo / Tande. - 1. ed. - Rio de Janeiro: Agir, 2019.

    ISBN 9788522006458

    1. Tande, 1970-. 2. Jogadores de voleibol - Brasil - Biografia. I. Título.

19-57020   CDD: 927.96325
                                                          CDU: 929:796.325

Vanessa Mafra Xavier Salgado - Bibliotecária - CRB-7/6644
15/05/2019 16/05/2019

SUMÁRIO

Apresentações 7
Introdução — O jogo é hoje 15
Capítulo I — Aprendizado 17
Capítulo II — Treinamento 26
Capítulo III — Inspiração 34
Capítulo IV — Fundamentos 41
Capítulo V — A vida na quadra 51
Capítulo VI — Aprender a vencer 58
Capítulo VII — Um ponto de cada vez 64
Capítulo VIII — No caminho do pódio 70
Capítulo IX — O passo para o degrau mais alto 76
Capítulo X — Ciclo olímpico 91
Capítulo XI — Confiança 103
Capítulo XII — Manter o foco: Barcelona 1992 117
Capítulo XIII — Regularidade 143
Capítulo XIV — Zona de conforto 153
Capítulo XV — A praia: reinvenção 159
Capítulo XVI — Comunicação 173
Agradecimentos 185
Atletas olímpicos brasileiros 188

APRESENTAÇÕES
METAMORFOSE AMBULANTE

Conheci a família Ramos Samuel nos tempos em que dois dos três filhos de Seu Samuel e Dona Maíse não só jogavam vôlei como eram atletas de seleção brasileira. Um apartamento em Copacabana que transpirava alegria. Dona Maíse era um furacão, espevitada e animada. Seu Samuel era quieto, sereno, homem de fala mansa. Naquela época, era visível que Tande tinha herdado o temperamento da mãe. Mais tarde, se comprovou que do pai herdou apenas a careca.

Foi daquele apartamento que acompanhei a transmissão da final das Olimpíadas de Barcelona. Estava ali como produtora de jornalismo para coordenar a entrada ao vivo com a família, logo após aquele delicioso 3 x 0 contra a Holanda. Era 9 de agosto de 1992. A primeira medalha de ouro do Brasil em esportes coletivos! Que bagunça fizemos naquele apartamento! Que festa!

Mas engana-se quem pensa que conheci o Tande em 1992. Nos cruzamos em quadra, pela primeira vez, no Campeonato Mundial de 1990, no Maracanãzinho. Tenho provas! Eu, então estagiária do esporte da TV Globo, tratei de tirar uma foto daquele que, sem saber, eu ainda aplaudiria por muitos e muitos anos.

Como eu poderia imaginar que viveria tantas histórias com ele, que nos tornaríamos grandes amigos? Ele era o mais falante daquela geração, o mais simpático (acho que os outros vão brigar comigo). Mas era! E por isso foi parar na televisão. Era fácil prever que sua carreira não se encerraria nos ginásios ou nas arenas de vôlei de praia. O "camisa 14" ganharia o mundo. Estava escrito.

O tempo foi passando. De estagiária, eu já tinha virado editora, produtora e, apaixonada por voleibol desde sempre, acabei me tornando editora executiva de voleibol, cargo que ocupei por 11 anos. E foi ali que recebi Tande, não mais jogador de vôlei. Ele entrou para a TV com muito dever de casa para fazer. Sua dicção não era boa. Sempre comia as sílabas finais das palavras. Ansioso, não sabia a hora certa de entrar para comentar o lance no replay. Lembro que treinamos os dois, Tande e Giovane, ao mesmo tempo. Mas o Gigio resolveu voltar para as quadras e o Tande continuou na missão TV, que agarrou com a mesma determinação de um atacante fominha. Foi quando descobri o cara resiliente e humilde que ele é.

Aos poucos, Tande foi ficando craque nos comentários. E o carisma que tinha em quadra foi passando para o telespectador em casa através do conhecimento que conseguia demonstrar nas transmissões.

Paralelamente, acompanhei a vida do Tande fora dos holofotes. O casamento. O nascimento de Yasmim e Yago. A perda da mãe, depois, o pai. A separação. Lágrimas de alegria e de tristeza, como a vida de qualquer pessoa comum. Mas no peito daquele gigante bate um coração de proporções ainda maiores. Um cara alegre, capaz de levantar qualquer astral.

Como ríamos nas viagens! Como comíamos! Está para nascer outro ser humano que goste tanto assim de sobremesa... "Rô, nesse hotel tem um *petit gateau* de goiabada com sorvete de queijo que é um absurdo! Bora pro buraco junto?"

No Campeonato Mundial Feminino de 2010, no Japão, resolvemos fazer uma transmissão diferente, como se fosse um programa, no meio da madrugada. Tande na apresentação com convidados no estúdio. Nosso diretor, João Pedro Paes Leme, transformou aquele evento num *case* de sucesso e dali surgiu o programa *Corujão do Esporte*, consolidando de vez a parceria Tande e Rosane. Como editora-chefe, tinha de treinar, novamente, o Tande para uma missão diferente: ser apresentador de TV. No dia 11 de fevereiro de 2011, uma sexta-feira, nascia o *Corujão do Esporte* e nascia o Tande como apresentador.

Foram programas muito legais, em que trazíamos convidados ao estúdio e, muitas vezes, acessórios esportivos que eram testados ou pelo Tande ou pelos convidados. Era uma delícia fazer o *Corujão*! E deu tão certo que, em menos de um ano, Tande foi chamado para apresentar o *Esporte Espetacular*. No ano seguinte, foi a minha vez de ir encontrá-lo no EE.

Fizemos programas incríveis! Ele correu algumas meias maratonas, escalou paredões, cuspiu uma bala ao vivo, entrevistou, se jogou na lama, na cerca elétrica. Era o mais versátil dos repórteres. Sim, repórter! Ganhou esse status não numa sala de aula, mas mostrando talento e inegável conhecimento esportivo. Quando alguém chega a esse estágio da vida, não há mais nada a provar.

Esse amigo gigante me ensinou muita coisa, mas o que de mais precioso aprendi com ele foi a me metamorfosear, como lagarta e borboleta. Ele diz que "A vida é um jogo". Eu digo que a vida é pra se reinventar!

ROSANE ARAÚJO
(Ex-diretora chefe do *Esporte Espetacular* e
atualmente CEO da MoveMe)

AMIGOS PARA SEMPRE

Ao longo da minha carreira, acompanhei o surgimento de vários talentos no voleibol mundial. Posso dizer tranquilamente que o Tande foi um dos jogadores mais inteligentes que tive a sorte e a oportunidade de treinar. Ele jogou de uma forma única e foi um daqueles casos de talento nato para o esporte.

Vivemos momentos muito especiais juntos que marcaram a história do voleibol brasileiro. A atuação do Tande nos Jogos Olímpicos de Barcelona, em 1992, será lembrada por todos os apaixonados pelo voleibol. Ele foi um dos protagonistas daquela conquista com apenas 22 anos. Como treinador, convivi não só com o atleta Tande, mas também com o Alexandre Ramos Samuel, uma pessoa de caráter e um amigo para o resto da vida.

JOSÉ ROBERTO GUIMARÃES
(Tricampeão olímpico e atual técnico da
seleção brasileira feminina de vôlei)

UMA TRAJETÓRIA DE IMENSO SUCESSO

Na época de escola, dos seis, sete anos até a adolescência, meu irmão deu muito trabalho. Ele tinha um enorme repertório de desculpas para não ir à aula. Lembro de uma vez que ele matou uma semana inteira de aula alegando que um padre da escola tinha morrido. Depois nossos pais descobriram que não tinha morrido padre nenhum, que ele tinha inventado aquela história. Lembro também da vez em que ele começou a aparecer muito bronzeado na volta do colégio. Ele saía de casa de manhã todo arrumadinho com o uniforme e voltava no fim da aula, cada dia mais queimado. Nossa mãe, desconfiada, resolveu investigar e descobriu que ele saía, deixava o uniforme escondido atrás da caixa de luz do prédio e ia pra praia ali mesmo no nosso bairro, a Urca. Quando fazia essas coisas, ele apanhava, ficava de castigo — nunca vi um menino que ficasse tanto de castigo quanto ele —, mas não adiantava nada.

O Tande demorou muito a amadurecer, e por trás disso tudo tinha uma certa irreverência, uma criatividade impressionante para inventar as desculpas que pareciam divertir nosso pai. Ele dava bronca, é claro, afinal, o estudo era a prioridade, mas lá no fundo parecia achar graça das elaboradas invenções do caçula.

Quando comecei a jogar vôlei, ele sempre queria me acompanhar nos treinos. Uma vez até fugiu do castigo e foi atrás de mim sem ninguém saber. Quando me virei, vi aquele cabelo louríssimo no fundo do ônibus: "O que você está fazendo aqui, garoto? Você está de castigo, vai levar uma surra quando voltar para casa!" Retrospectivamente, dá para entender que a motivação dele, não só daquela vez, era a paixão que já sentia pelo vôlei. Eu, que era toda responsável, ficava preocupadíssima. Já ele não estava nem aí.

Nossa diferença de idade é considerável. Quando eu tinha 14 anos, ele tinha 10, e queria me imitar em tudo, queria fazer tudo o que eu fazia. Eu adorava ter a companhia dele pra lá e pra cá comigo. Enquanto eu treinava, ele me esperava jogando com os amigos, usando a grade que separava a quadra da arquibancada como rede. Com isso, logo foi descoberto e chamado para treinar no mesmo clube que eu treinava, o Botafogo.

Outra que ele aprontou comigo foi justamente lá no Botafogo, na época que fui convocada para a seleção brasileira juvenil. Era um sonho para quem, como eu, amava o esporte e queria chegar um dia a jogar pela seleção! Recebi o uniforme com meu nome na parte de trás na camisa, meu número, uns tênis lindos, maravilhosos. Eu tinha um carinho imenso pelo meu uniforme do Brasil, tratava-o como uma preciosidade, uma joia. Um belo dia eu estava chegando ao clube e vi o Tande — que nessa época já estava jogando no mirim e tinha treino no horário antes do meu — e os colegas dele na quadra vestidos com a minha camisa. Ele tinha pegado todas as camisas que eu ganhei da seleção e dado pros meninos jogarem uniformizados. Alguns ainda estavam com os meus tênis. Fiquei furiosa: "Garoto, você tá maluco, eu vou te matar!" Aquele dia para mim foi inacreditável.

É incrível a gente contar essas histórias hoje, depois de tudo que ele conquistou, tornando-se um grande atleta, um ídolo do esporte brasileiro. Ali, fazendo de tudo para estar dentro de uma quadra, meu irmão já estava traçando o seu destino, essa trajetória de imenso sucesso.

Acredito que ele tenha seguido esse caminho inspirado em mim. Sabe aquela história da irmã mais velha que serve de exemplo? Pois é, mas no caso dele é óbvio que tinha também o dom, o talento, que cedo ou tarde iria despertar. Fico muito feliz por ter contribuído, pelo menos um pouquinho, para que ele se tornasse um dos atletas mais talentosos do vôlei brasileiro. Ah, e esse apelido, pelo qual ficou conhecido do grande público, fui eu que dei, já que não conseguia falar Alexandre quando ele nasceu.

Agora, se reinventando e atuando em outras áreas, ele também está arrebentando e vai alcançar tudo o que desejar. Ele merece, porque batalha muito por isso e é uma pessoa iluminada, com um carisma e uma luz incríveis. Tenho muito orgulho de ser irmã do Tande.

ADRIANA SAMUEL
(Medalista olímpica pelo vôlei
de praia e irmã de Tande)

INTRODUÇÃO
O JOGO É HOJE

Eu sou Alexandre Ramos Samuel, o Tande. Sou conhecido pela minha trajetória como atleta de voleibol, mas a minha verdadeira atividade diária sempre foi outra: me reinventar. Hoje estou aqui falando com vocês e, daqui a pouco, darei uma palestra para funcionários de uma grande empresa. Amanhã, devo estar de volta ao Rio de Janeiro, em uma gravação para a TV Globo. No dia seguinte, vou acompanhar minha filha, Yasmin, de 19 anos, ao médico. E, antes que acabe a semana, ainda vou conversar sobre uma nova oportunidade de negócios com dois amigos.

Não sei se sou ou um dia vou conseguir ser o melhor palestrante da área de esportes do Brasil, mas hoje eu tento atingir esse objetivo com todas as minhas forças. Porque foi isso que eu aprendi a fazer; aprendi sozinho, aprendi com meus mentores e com meus companheiros dentro e fora das quadras, aprendi com quem veio antes e com quem chegou depois de mim.

Entre o cara que não gostava de treinar e o que subiu ao pódio para receber a primeira medalha de ouro do Brasil em esportes coletivos nos Jogos Olímpicos de Barcelona em 1992, a busca pela excelência foi diária, um processo de aprimoramento e adaptação que a vida me ensinou que precisa continuar agora e sempre.

Eu, você e todo mundo... Temos que estar preparados o tempo inteiro para as mudanças. E quando falo em mudanças, me refiro ao nível mais profundo e amplo, falo em reinvenção diária. Isso inclui desde a escolha profissional que vai levar você ao futuro até as contas de casa.

Nós vivemos o tempo em que as coisas se transformam todos os dias. Às vezes, a ficha demora a cair. Às vezes, a gente acredita que as coisas vão ser amanhã e sempre como eram ontem. E que somos eternos. Esse é um grande erro que muitos cometem, porque a verdade é que fazemos parte de um time, no qual sempre tem gente chegando. Se você saca forte, o time vai querer sacar mais forte. Se você treina muito, ele vai treinar mais. Para não perder a vez na vida, ou a vaga no time, é preciso estar preparado o tempo todo.

O livro que vocês têm nas mãos não é sobre esporte. É sobre vida e trabalho, é sobre jogar limpo, perdendo ou ganhando, mas tentando ser o melhor sempre, e não apenas mais um. É sobre não fazer corpo mole e nunca se esconder. É sobre saber ser líder e saber respeitar a liderança. É sobre jogar a favor ou contra o vento.

Mudança permanente é o nome do jogo. E o jogo é hoje!

CAPÍTULO I
APRENDIZADO

Tomei um puxão de orelha no encerramento do Campeonato Mundial Juvenil de Vôlei, em 1988. "Se você não melhorar o seu físico, não vai chegar a lugar nenhum."
Eu já estava na seleção brasileira. Havia conseguido chegar aonde meus amigos do mirim do Botafogo, clube em que comecei, gostariam de estar. A camisa que eu via minha irmã, Adriana Samuel, usar e que me deixava louco agora eu vestia também. Mas a verdade é que eu ainda não era um atleta de verdade.
Lembro muito bem que quando comecei a praticar vôlei eu gostava mesmo era de jogar. De atacar, de botar a bola no chão. Mas tinha muita preguiça de treinar e não percebia o quanto isso afetava o meu progresso. O problema é que eu já era muito talentoso, fazia os movimentos, alternava os ataques

e mandava a bola aonde eu quisesse com muita habilidade. Então, treinar para quê?

Era um engano. Um engano meu e que pode ser de qualquer pessoa que foi agraciada com algum talento, não importa em que campo. A verdade é exatamente o inverso! Aqueles que nasceram com um dom — o de vender bem, o de ter um bom relacionamento interpessoal, o de saber gerir recursos ou pessoas, o de passar pelo bloqueio e botar a bola no chão, o de sacar forte... — são exatamente os que devem mais investir em capacitação.

Todo profissional tem que se capacitar, mas aquele a quem Papai do Céu já deu a habilidade precisa honrar o presente buscando o aprimoramento para merecer o presente divino e se transformar em um profissional diferenciado. Muitos talentos ficam pelo meio do caminho por causa da falta de dedicação. Demorei a enxergar isso e tive que pagar um preço por essa demora.

Mas aprendizado é exatamente ouvir, entender, processar e aplicar na vida. Aprender não é fácil. E, por isso, a gente começa desde cedo. Eu, por exemplo, aprendi a me virar quando ainda estava na barriga de minha mãe, a Dona Maise.

Na verdade, não era para eu ter nascido! Para os padrões da época, minha mãe já tinha uma idade um pouco avançada para a maternidade. Estamos falando de 1970. Ela e meu pai já tinham dois filhos: o Marcelo (Celo), que é seis anos mais velho que eu, e a Adriana (Nana), que vocês conhecem como Adriana Samuel, quatro anos mais velha que eu e com duas medalhas olímpicas: prata em Atlanta (1996) e bronze em Sydney (2000).

Mas, naquela época, 1970, meu pai tenente do Exército, ela dona de casa... Engravidou sem querer. Eles moravam em frente à rodovia Presidente Dutra, em Resende, no Estado do Rio.

O médico virou para minha mãe e disse: "Você não vai conseguir ter esse filho." "Mas como assim?", ela se assustou. O doutor explicou que havia um grande risco de que ela sofresse algum problema na gestação. Mesmo assim ela bancou, e eu nasci. A Dona Maise não merecia, mas dei muito trabalho a ela.

O problema é que, desde muito pequeno, eu era curioso demais, muito desbravador. E nem sempre isso acabava bem. Uma vez eu estava na piscina com minha mãe, em um clube de Resende. Ela estava pegando sol na piscina com uma amiga, distraída, batendo papo. Eu estava sentado no chão ao lado dela, brincando. Eu mal andava, mas, de repente, do nada, fui engatinhando e caí na piscina.

A piscina não era funda, mas para mim, que não tinha nem um ano ainda, era. Minha mãe nunca soube nadar, mas mergulhou na água para me salvar. Apesar de ter se machucado, deu um jeito de me tirar de lá, me puxando pelo cabelo. E depois me pôs para aprender a nadar bem cedo.

De Resende, meu pai foi transferido para a Vila Militar de Deodoro, na cidade do Rio. E ali aprendi a ser moleque. A infância naquele lugar foi a melhor que uma criança poderia ter. Para mim, a Vila, que hoje percebo não ser tão grande assim, parecia o mundo. E eu queria aprender tudo na rua com quem era a minha referência: meu irmão mais velho. Aonde ele ia, eu tentava ir atrás. E andava ali pela Vila com os amigos mais velhos dele. Eu com sete, oito anos tacando pedra em colmeia de abelha, brincando de polícia e ladrão...

Polícia e ladrão, aliás, era jogado naquele tempo com um bando de gente, meia Vila para cada lado. Aquele era um tempo, não tão distante, em que dava para as crianças se criarem soltas nas ruas, aprendendo a conviver umas com as outras. Mas a gente fazia muita besteira. Teve uma vez, que saímos para caçar ratos. Era uma brincadeira relativamente comum nos subúrbios do Rio.

Havia uma lixeira atrás de cada prédio da Vila Militar. O meu irmão que chamou, falando para mim: "Vamos lá, soldado!" Eram os mais novos imitando o estilo militar que a gente via entre os pais e os amigos dos pais.

A gente ia no escuro, com lanternas, até as lixeiras grandes, que ficavam atrás dos prédios baixos da vila. Ali, um levantava a tampa da lixeira e o outro atirava nos ratos que dessem a cara. "Você vai, mas vai ter que levantar a tampa da lixeira", determinou o meu irmão, no melhor estilo "sargentão".

Quando chegou lá, fui enviado pelo Marcelo e o amigo que estava com ele para o *front* e abri uma das lixeiras. Aí, era preciso esperar um pouco porque os ratos se escondiam no primeiro momento, assustados com o barulho. Fomos então caminhando para o outro prédio para abrir a lixeira seguinte e, pouco tempo depois, meu irmão e o amigo, segurando espingardas de chumbinho, falaram para mim: "Eles devem ter aparecido, Tande, vai lá ver."

Eu vou e falo, já perto da lixeira: "Não voltaram, não." Daí ouço: "Tuiiiim."

Eram tiros das espingardas de chumbinho na minha direção. Corri e me escondi atrás da lixeira, gritando: "Vocês estão malucos!!!" E tome tiro. Eu falei: "Vou sair, hein!" O amigo do Marcelo parou de atirar, mas o maluco do meu irmão atirou para o chão na hora em que saí.

Resultado: a bala ricocheteou, fez um furo na camisa e bateu em meu peito. Não ficou alojada, mas formou uma mancha de sangue suficiente para me assustar — afinal, eu tinha uns oito anos. Estava escuro. Eu gritei: "Você me acertou! Você me matou!" E o que o meu irmão fez? Atirou mais, achando que eu estava brincando. No final, não foi um machucado tão grande, mas o susto foi enorme.

O Marcelo implicava muito comigo. Vivia me chamado de chato porque eu, criança, queria segui-lo por toda parte. E ele já estava entrando na adolescência. Até que um dia ele perdeu a paciência e me trancou dentro de casa para eu não ir atrás dele.

Para isso, usou um truque: chamou por mim da varanda de casa. Quando cheguei lá, ele saiu e me prendeu. A única rota de fuga dali era pela sala, onde havia uma porta de vidro com uma veneziana. Do outro lado do vidro, ele me botou terror: "Vai dormir aí hoje. Papai e mamãe vão chegar e nem vão perceber que você está aí." Eu fiquei injuriado com aquilo. Pedi: "Abre, cara, abre aí." E ele, nada…

Aí dei um bico na porta de vidro e parte dela veio abaixo. Claro que me machuquei. Meu irmão: "Caramba! Você ficou maluco. Meu pai vai me matar!" Mas não teve jeito. Tive que ir para o posto médico. Foi muito sangue; tenho até hoje a marca do machucado no pé direto.

No posto, o médico falou que eu teria que tomar pontos, mas seria sem anestesia, porque não tinha. Meu pai, já muito bravo comigo, encarnou o militar durão: "É sem anestesia mesmo. Mas vai ter que ser homem." Eu com oito anos... Eu tomei ponto, mas me livrei de uma boa, porque meu irmão, como era costume naquele tempo, tomou umas bolachas. Eu aprendi que não adianta ficar nervoso e reagir de forma impensada. E meu irmão aprendeu que é bom não me provocar.

Conto tudo isso para vocês perceberem que cresci numa família muito unida e dinâmica. Meu pai tinha uma Variant, que ele adorava, mas não cuidava direito. Ele botava os filhos no carro e íamos para grandes farofadas na praia da Barra da Tijuca. O carro, que apelidamos de Até Que A Morte Nos Separe, tinha um rombo tão grande no assoalho que o banco do motorista chegava a ficar torto, afundado no lado do buraco. Quando passava numa poça, meu pai avisava: "OLHA A POÇA!" e nós três nos amontoávamos no canto direito para evitar a lama que entrava, inundando o nosso banco, e chegava até no vidro traseiro.

Mas, antes de contar como comecei no vôlei, não posso deixar de falar sobre o acidente sem dúvida mais marcante da minha infância: o atropelamento. Quase não sobrevivi a esse para contar a história para vocês.

Mais uma vez, eu queria ir atrás do meu irmão para a rua. Tinha uma ladeira, um trecho de rua bem tranquilo na Vila, atrás de uma policlínica. Ali, nós fizemos uma pista de bicicletas pintada no chão, bem diante da casa da família do major Pacheco.

Naquele dia, a tal pista iria ser inaugurada, e claro que eu queria estar lá. Dona Maise não queria que eu fosse, porque eu tinha dever de casa. Lembro até hoje o que minha mãe me disse, preocupada como sempre com o meu pouco apego aos estudos: "Não vai. Vai ficar em casa estudando. Estou avisando: se você for, vai acontecer alguma coisa muito séria com você."

Fingi que tinha aceitado, mas, em um momento de distração de minha mãe, fui atrás do meu irmão, pulei na garupa da bicicleta dele, mesmo sob protestos, e fomos para a tal pista.

Chegamos por lá e vimos o muro que tínhamos transformado na nossa "oficina", onde estavam penduradas algumas peças e ferramentas. Os amigos do meu irmão, a turma mais velha, estavam ali, arrumando as coisas que tinham trazido. O Marcelo, então, parou a bicicleta e se juntou a eles, organizando as coisas para nossa inauguração. Então, perguntei: "Posso andar?"

Ele deixou e eu fui para a pista. Comecei a dar a volta pelo "circuito" e vi um carro que descia a ladeira na direção do trecho para onde eu também estava indo, que era na pista de rolagem dos carros, mas contíguo à calçada. Sem querer parar de pedalar, fiz o cálculo de que daria para eu fazer as duas curvas e ir para o o outro lado do "circuito" antes que ele pudesse passar.

Então, pedalei ainda mais rápido. Fiz a primeira curva, mas o carro chegou antes do meu cálculo de criança. E estava exatamente na minha frente.

Ainda virei a bicicleta de lado para tentar fugir, mas depois só deu tempo de fechar os olhos e ouvir o barulho dos freios. Aí senti uma tremenda de uma pancada e voei longe. Longe e, da forma como me lembro hoje, muito alto.

Eu era magrinho, um fiapo de gente. Por sorte, tinha feito um pouco de judô no Círculo Militar de Deodoro. Então, coloquei instintivamente o braço à frente da cabeça e fiz um rolamento. Foi isso que me salvou de bater a cabeça diretamente nas pedras da rua. Teve a pancada, mas foi amortecida com o movimento do braço.

Fiquei no chão atordoado e já começando a sentir dores por todo o corpo. Quando consegui abrir os olhos, vi meus amigos em volta de mim e meu irmão, um pouco mais afastado, com o rosto virado. Ele estava em choque e não conseguia olhar o que tinha restado do irmão mais novo, dele estirado ali no chão.

Eu estava com a perna esquerda e uma costela quebradas. Deveria ter ficado imóvel, aguardando socorro. Estávamos atrás da policlínica!

Nisso, desce do carro, um Fusca, o rapaz que me atropelou, desesperado: "Garoto, como você entra na frente do carro? Quem é seu pai?" "O capitão Samuel", respondo, me levantando, sem ninguém me impedir. O cara ficou mais desesperado ainda. "Putz! Eu sou tenente do Exército. Tô preso!"

Meu irmão ali, imóvel, paralisado pelo pânico, sem condição de tomar nenhuma iniciativa. O tenente, então, me pega no colo, me põe no banco de trás do carro e me leva para casa.

Minha mãe depois iria me dizer: "Quando tocou a campainha, eu já sabia que tinha acontecido alguma coisa com você." Quem vai duvidar do instinto materno, dessas coisas que só as mães sentem?

Ligaram para o meu pai. "Samuel, seu filho foi atropelado. Vai pra casa." Ainda esperaram meu pai chegar — o que foi rápido — para me levar para o hospital. Acharam que eu estava bem, porque eu tinha me levantado sozinho, chorando, logo depois da pancada. Pensaram que tinha sido só o susto. O atendimento teve uma série de falhas, como dá para vocês perceberem. Mas sobrevivi. Até hoje, de vez em quando, sinto uma pontada na costela.

Passei um tempo com gesso para curar a perna quebrada. E ganhei fama na Vila porque eu era carrasco no Carnaval e ficava andando para lá e para cá com aquela perna quebrada. Com isso, todos logo me identificavam: "Olha lá o Tande!"

Nessa mesma época, quase me afoguei de novo. Era domingo e eu tinha ido com meu pai ao Círculo Militar para um churrasco. Eu estava todo prosa, me gabando de ter aprendido a nadar. Mergulhei algumas vezes e a cada uma delas eu ia mais para o fundo. Até que chegou um momento em que não consegui tocar mais o pé no chão para dar impulso e afundei feito uma pedra, sentindo que ia morrer. De repente, vi uma sombra caindo na piscina. Era o meu pai, que tinha saído correndo e mergulhou de roupa e tudo para me salvar. Quando me tirou da água e viu que eu estava bem, me deu uma baita bronca.

CAPÍTULO II
TREINAMENTO

Eu já confessei que, quando comecei, não gostava de treinar. Isso não preciso falar mais. Só que preciso desde já dizer uma coisa para vocês: quem não se prepara, quem não faz o que precisa ser feito, vai ficar para trás, vai ser cortado. É assim na vida, no trabalho e no esporte. Eu tive a sorte de aprender isso com caras como José Roberto Guimarães, Bebeto de Freitas e Jorge de Barros (Jorjão), três gigantes que revolucionaram o vôlei brasileiro e que cruzaram o meu caminho quando eu era muito jovem. Eles sabiam o que era preciso para vencer. O Bebeto foi vice-campeão olímpico em 1984 e já tinha sido vice-campeão mundial em 1982. Era o líder dos meus ídolos. Aquela geração era nossa referência e se não alcançou naquele momento o lugar mais alto no pódio, abriu caminho para que nós chegássemos lá. Foram eles que levaram o vôlei brasileiro a outro patamar. Sem eles, nós não seríamos campeões olímpicos.

Pois então. Agora, imagina um monte de garotos com vinte, vinte e poucos anos trancados em Teresópolis, como foi na preparação para o Mundial de 1990 no Maracanãzinho. Seis meses de preparação! Eu me lembro desse momento da minha vida sempre que eu penso em como é importante treinar — e treinar do modo certo, com entrega, dedicação e confiança nas suas lideranças.

Um dia típico de treino começava às seis da manhã, com o despertar. Às sete horas, já tomávamos o café todos juntos. Sete e meia, oito horas, já começava o treinamento físico, com aeróbica e depois reforço muscular. Corríamos muito em volta do campo e depois íamos para a sala de musculação. Os treinadores dividiam dois grupos: um fazia trabalho com bola; o outro treinava a parte física. Naquele momento, a gente tinha uma equipe bem estruturada, mas ainda em formação. Era uma geração na qual se apostava muito como capaz de suceder, ou pelo menos complementar a Geração de Prata.

Nós éramos uns 18 a vinte jogadores e nem todos iriam jogar no Mundial. Alguns seriam cortados no meio do caminho. Estávamos em um centro de treinamento que normalmente era usado pelo futebol, a Granja Comary, já que até então o vôlei não tinha um centro de treinamento próprio. Treinávamos exaustivamente com a bola os fundamentos, buscando sempre mais precisão, mais direcionamento. A gente tinha uma trajetória nos clubes e por isso tínhamos chegado a servir a seleção. No entanto, o Bebeto e o Zé diziam: "Vamos voltar para a escolinha." Toque, manchete na parede... fundamentos.

Porque, não importa o quanto você é experiente, precisa continuar treinando o básico da sua atividade para ter um melhor desempenho no que é mais complexo.

No vôlei é assim: quanto mais precisão no movimento, mais contato com a bola, mais repetições, maiores as chances de começarem a surgir possibilidades, aflorar possíveis variantes na forma de você bater na bola... Você começa a fazer coisas que achava que não conseguiria. Pense em coisas que você faz hoje, mesmo que seja dirigir um carro, que pareciam impossíveis de fazer alguns anos atrás. Isso é o valor do treinamento. Isso é o que se ganha repetindo e indo um pouco além a cada vez, com paciência e foco. Isso, claro, vale para qualquer atividade.

Mas eu estava falando do dia típico. A manhã terminava com o alongamento e depois uma ducha rápida e o almoço. Perto de uma, uma e meia, a gente só queria dormir. Mas era rápido, porque às três tinha o café da tarde, um lanche leve. Cinco horas, saíamos para a parte tática. Era a hora de arrumar a equipe, montando diferentes times, testando várias possibilidades e jogadas.

Depois de algumas semanas nessa rotina, arrumei uma tendinite para mim. Eu tinha uma facilidade muito grande de bater a bola no ataque fazendo a rotação do pulso para surpreender a defesa. Eu estava ficando cada vez melhor em tirar a bola do bloqueio e comecei a fazer isso direto. Mas tive uma bela de uma tendinite. Só que imaginei que, se contasse para a equipe técnica, teria uma boa chance de ser cortado.

Eu tinha vinte anos e me preparava para um Mundial. Era uma grande oportunidade, então, resolvi ficar quieto.

O problema é que a dor começou a me atrapalhar em vários movimentos. A solução que encontrei foi começar a segurar os golpes. Como a gente fala em todo ambiente de trabalho, passei a morcegar nos treinos e achava que conseguiria passar despercebido. Mas quando faltavam duas semanas para o Mundial, o Bebeto chamou todos os atletas para uma reunião. Aí, ele chegou perto de mim e falou, olhando para o grupo todo: "Gente, é o seguinte. Para estar aqui, para representar o Brasil, tem que estar cem por cento, tem que querer muito." Aí, ele se virou para mim e disse: "Se você não quer, pode pegar as suas coisas e ir embora daqui."

Aquele Mundial era importante demais para mim, para a seleção e para o Brasil. Era em casa. Os jogos seriam no Maracanãzinho, diante do nosso público, da minha família. E era uma geração nova, que tinha chegado depois do pessoal da Geração de Prata.

E agora, depois de cinco meses e meio de treino com o grupo, eu estava cortado. Fui para o quarto chorando. "Que isso? Agora que cheguei tão perto, não vou participar do Mundial?", eu me perguntava. Não estava acreditando.

E nosso time tinha ganhado uma unidade. A gente se olhava e sabia o que cada um iria fazer, após tantas semanas naquele frio da Granja Comary. O time estava confiante para o Mundial. E, então, eu estava fora.

Para completar o baixo-astral, me dei conta de que tinha errado e estava começando a sentir vergonha da minha atitude. Eu pensava: "Caramba, a galera tava se matando e eu, morcegando. Por que eu não falei?"

O médico da seleção até tinha percebido que a tendinite, ao contrário do que eu alegava, estava prejudicando meus movimentos. Ele havia conversado comigo, mas pedi que ele não contasse a ninguém. Pensei que pudessem achar que eu estava dando desculpas para fugir do treinamento físico. Eu só tinha vinte anos, afinal de contas, com uma experiência de trabalho muito limitada.

Fui para o quarto chorando, muito chateado e comecei a arrumar a mala. Daí, batem à porta. Entram o Maurício e o Carlão, dois dos jogadores mais experientes do time, e o Jorjão, assistente de treinador. Ele entrou já dizendo: "E aí moleque? Essa mala arrumada é por quê? Você vai embora?"

Eu falei: "Como assim? O cara tá me cortando." Os três responderam quase juntos: "E você vai deixar isso acontecer? Vai embora assim?" O Carlão, sempre um cara incisivo, nosso capitão, me deu uma bronca: "Porra, a gente precisa de você, mas você tem que treinar direito. Se está doendo, fala com ele e para um pouco."

Eu ainda precisava aprimorar a parte física, que era frágil. Por isso, também, eu tinha sentido o impacto da intensidade do treino. Eu gostava de jogar, de brincar, mas o treino físico exige mais profissionalismo. E, até ali, eu tinha falhado. Sentia a dor e pensava: "Vou segurar, vou tentar levar com tranquilidade, tentar me poupar." Só que uma habilidade que não é trabalhada acaba sendo perdida, e foi o que aconteceu comigo. Começaram a me bloquear e isso chamou a atenção da equipe técnica.

Ali no quarto, percebi isso tudo e vi como tinha errado. E estava envergonhado. Mas os três insistiram: "Vai embora assim? Vai abrir mão de seis meses junto com a gente? Não sabe da sua importância para o grupo?" O que eu deveria fazer, então, perguntei para os meus amigos solidários. "Vai lá falar com ele, você tem que reverter esse quadro. Conta do seu pulso e trata de convencer o Bebeto que você vai estar firme junto com a gente."

Ouvir que eu tinha importância para o grupo me fez recuperar parte da minha força, apesar de isso também ter tornado meu erro ainda mais grave, na minha forma de ver. Mas eu queria ter a chance de me corrigir e fui atrás. Bati na porta do Bebeto, mas não para me humilhar. Não era assim que eu me sentia. Não era uma situação confortável, mas eu sabia que precisava ser homem o suficiente para reconhecer o meu erro e ser humilde. Tinha que baixar a guarda.

O Bebeto, o técnico que revolucionou o voleibol no Brasil, um ídolo para mim, abriu a porta, se sentou na cama e ficou me olhando. Aí, comecei a falar, indo direto ao ponto: "Tenho uma tendinite aqui que faz com que eu não consiga tocar na bola direito." Comecei a chorar: "Tô aqui há seis meses e você acha que eu não quero ir ao Mundial?"

Ele ficou quieto por um momento. Aí, me resgatou do limbo. Ele disse, com o peso de técnico com medalha olímpica no currículo: "Nós vamos acreditar em você; vamos fazer um tratamento. Mas continua malhando, faz as coisas certas. Toma jeito."

Eu agradeci, com o respeito todo que eu tinha por ele, saí e fui para o quarto desfazer a mala. Eu estava feliz, mas já estava, sobretudo, concentrado. No outro dia, comecei a treinar pra caramba. Tratei a tendinite, fazendo fisioterapia em cada minuto que eu tinha livre. Toda a comissão técnica me ajudou muito, agindo como psicólogos mesmo, trabalhando comigo à noite, conversando. Mathias, nosso fisioterapeuta, brincava comigo se eu relaxasse um segundo: "Se der mole, o cara te corta, hein…" Eles eram quase como pais para aquela garotada. E eu ia percebendo cada vez mais a importância do trabalho em equipe. E como as pessoas se importavam comigo e o quanto era importante que eu agisse da forma mais ética possível com todos eles, em resposta ao apoio que recebia. Assim, tudo foi melhorando naturalmente.

Acabei ficando melhor do que antes. No início, eu estava fora do time titular. Ainda era novo e os titulares na minha posição eram o Giovane e o Carlão, ou seja, competição pesada! Mas, faltando poucos dias para a estreia, o Bebeto colocou o time todo perfilado e disse: "Tande para lá." Eu não entendi nada, ele me botou para passar, algo que eu nunca tinha feito antes, e aí vi que ele tinha decidido que eu e o Carlão seríamos titulares e o Giovane iria para o banco.

E fomos para o Mundial. Maracanãzinho lotado. Quando eu saí do vestiário e entrei na quadra, ouvi aquela massa gritando: "BRASIL! BRASIL!" Olhei para a arquibancada e pensei: "Como é a vida! Oito anos atrás, era eu naquela arquibancada, torcendo, no Mundialito. Agora estou aqui, no Mundial."

E quase fico de fora do que seria o melhor momento da minha carreira até ali porque, seja lá pelo motivo que tenha sido, por mais justificável que possa parecer, eu tinha errado. No nível em que eu estava, em algum momento deixar de dar cem por cento de mim no treinamento era inadmissível. Confiei demais no que eu já sabia e não procurei o aprimoramento necessário para atingir um patamar de excelência. Aprendi essa lição, que serve para mim e para qualquer profissional, não importa de que área. Nós não sabemos o futuro, não podemos prever aonde o ato de treinar, se aprimorar, aprender, repetir e refinar as rotinas das nossas tarefas diárias pode nos levar. Mas esse é o caminho inexorável para sermos profissionais melhores.

CAPÍTULO III
INSPIRAÇÃO

Meu irmão assistiu à minha estreia no Mundial, no Maracanãzinho, da arquibancada. Lá no último degrau, com um amigo dele. Ele é assim, discreto, alternativo — não tinha nem celular até pouco tempo atrás. Ele me contou que uma vez, ainda quando morava com nossos pais, um amigo dele entrou lá em casa e viu fotos minhas, alguns recortes que Dona Maise tinha espalhado pelo meu quarto e até uns troféus. O amigo viu aquilo tudo e falou para meu irmão: "Pô, cara, não sabia que você era tão fã assim do Tande." Ele respondeu: "É, é…" Eu perguntei por que ele não tinha contado ao amigo que era meu irmão, e a resposta que ouvi foi: "Eu não, vai dar trabalho ficar explicando…" E ficou por isso mesmo.

Nunca houve na minha família, para minha sorte, algum tipo de ressentimento por conta da minha carreira, por eu ter ficado famoso. Lá em casa isso nunca trouxe qualquer problema, pelo contrário. Sempre nos apoiamos um ao outro, dando força, torcendo pelo sucesso. Acho que isso é um reflexo muito claro da educação da minha mãe e do meu pai. Eles sempre se preocuparam em garantir que tivéssemos esse convívio muito bacana, que todos se sentissem bem.

A minha irmã, Adriana Samuel, sempre foi uma inspiração para mim, apesar de a gente ter um jeito bem diferente. Mas o sucesso que ela fez no vôlei foi decisivo para que eu trilhasse o caminho que trilhei, claro. Ela chegou à medalha de prata em uma Olimpíada. Lá na casa da família Samuel tem três medalhas olímpicas de voleibol; é um pódio olímpico: bronze, prata e ouro.

Nana sempre foi muito organizada, certinha. Muito cedo ela se revelou uma menina supertalentosa. Lembro uma vez que ela ficou em recuperação. Ela estava em casa, chorando, com o boletim. Perguntei o que tinha acontecido. "Estou em recuperação!" "Em quantas matérias?", quis saber. "Em uma!" "Nana, eu fui reprovado duas vezes e numa delas só passei em religião e educação física. Fiquei reprovado em 11 matérias e ninguém me viu chorando por causa disso", disse. "Ah, mas você não está nem aí", ela respondeu.

Não era bem assim. Mas eu não conseguia repetir o que ela fazia: ser tão boa na escola e ainda jogar futebol melhor do que eu e o Marcelo juntos. Era bom ter uma inspiração como ela tão perto de mim. Exemplo de profissionalismo e dedicação ao esporte eu já tive em casa.

Quando eu tinha 10 anos, meu pai foi transferido da Vila Militar de Deodoro para a Praia Vermelha, na Urca, Zona

Sul do Rio. Minha irmã foi jogar voleibol no Círculo Militar da Praia Vermelha. Um belo dia, um técnico a viu jogar e a levou para o Botafogo. Era o Marco Aurélio Motta, que depois seria técnico da seleção brasileira feminina. Ele viu minha irmã jogando contra o Botafogo e a chamou para jogar a favor.

Um dia, eu estava em casa e ela me convidou para ir ao ginásio do Botafogo, que era ali perto, no Mourisco, para ver um treino. Como ela sempre foi muito pontual, chegamos antes e fiquei sentado na arquibancada vendo o treino do mirim masculino. O feminino, na categoria infantojuvenil, treinaria depois.

De repente, o Frederico Nery (Fredy), que se tornou o meu primeiro técnico, estava dando o treino me chamou: "Ei, você aí, já jogou vôlei?" Parece estranho, mas isso é bem coisa de técnico, desses caras que são descobridores de talento e que arriscam. Respondi que nunca tinha jogado e disse que iria apenas ver minha irmã treinar. Provavelmente, ele me viu chegando com a Nana. Nunca soube exatamente.

Mas ele perguntou: "Quer bater uma bola aqui com a gente?" Eu não era alto (ainda) nem forte. Não havia nada no meu físico que pudesse chamar a atenção dele. Mas, não sei por que motivo, ele me chamou. E eu, como não estava fazendo nada, fui.

Havia na quadra uma espécie de "fone de ouvido", um suporte onde a bola fica parada e que os técnicos podem erguer na altura que quiserem. É para ensinar as crianças a atacar. A bola fica parada. Os treinadores ensinam a passada — um, dois, sobe e corta. Ele me ensinou esse movimento, que eu repetiria milhares de vezes nas duas décadas seguintes.

Aí, formou-se a fila da molecada. Os garotos federados já subiam e batiam direitinho. Se você bate e a bola vai na quadra, ali no mirim, é porque o garoto leva jeito. Se você bate e a bola bate na tabela do basquete, é sinal de que você é craque. Pois a primeira bola que bati, bateu perto da tabela e depois na própria.

Os caras ficaram me olhando. "Cara! Tá louco?" Minha história começou ali. O técnico quis que eu continuasse treinando. Ainda falei que não poderia jogar porque eu tinha que estudar. Não estava nada bem na escola. Mas eles insistiram e eu fui falar com minha mãe, que acabou deixando. Ela disse que, se a Nana conseguia conciliar tudo, eu teria que conseguir também.

Mais que nunca, naquela fase minha irmã se tornou referência para mim. Porque ela começou a se destacar no vôlei. Primeiro foi para a seleção carioca e, depois, para a seleção brasileira, nas categorias infantojuvenil e juvenil. Imagina como, para mim, garoto, foi começar a ver na minha frente, na minha casa, a camisa da seleção, com o número sete nas costas. Os tênis importados do Japão, de marcas distantes da nossa realidade.

Então comecei a crescer. Já calçava 41, e ela, 39. Mas eu queria usar o tênis dela, diferente dos nacionais que meus amigos usavam nos treinos, que, naquele tempo, eram bem básicos. Existia o Rainha Bernard, em homenagem ao craque da seleção. Eu apertava meu pé no tênis dela e ia para o treino todo pimpão. Claro que escondido, porque, se ela soubesse, faria um escarcéu. Porque ela faz.

Ela ficava louca comigo, especialmente depois que comecei a roubar também as camisas dela para treinar.

Era um troço muito louco o que eu fazia. O meu treino era antes do dela no Botafogo. Eu era do mirim e ela, do infantojuvenil feminino. Então, quando não tinha ninguém vendo, eu ia ao quarto dela, pegava as camisas e os tênis e escondia tudo no corredor do prédio, no compartimento do extintor de incêndio. Depois, quando dava minha hora de ir para o Botafogo, eu saía com minha mochilinha e pegava as camisas lá. Eram só camisas da seleção brasileira... brancas, azuis... Ela mantinha tudo sempre arrumadinho, lavado, engomado. E eu pegava todas e dava para os meus amigos treinarem.

Era um absurdo, mas eu gostava muito de ser irmão da Adriana e queria "tirar essa onda" com os amigos. Ela chegou um dia no clube e viu aquilo. Deu um grito lá do fundo da quadra que foi ouvido até no Flamengo: "Taaande!" E para os garotos: "Todo mundo tirando a camisa agora." E o pessoal, amuado: "Poxa, Adriana, o Tande não falou que tinha pegado escondido." Ela ficava desesperada com essas maluquices de garoto que eu fazia.

Eu gostava de estar perto dela; estava começando a ter uma relação mais forte e me apaixonar pelo voleibol. Com o tempo, fui vendo que aquilo poderia ser um caminho. Nem vou dizer mais sério, porque eu não pensava dessa forma com 13, 14 anos. Mas um caminho para eu seguir, já que até ali eu não imaginava nenhum para mim. E eu tinha na Nana uma inspiração. Outra inspiração importante nesse momento foram os jogadores da seleção brasileira de vôlei, a turma da Geração de Prata. Eles estavam despontando naquele momento com um jogo original, bonito. Eram caras de muito talento. Eu fui gandula em jogos da seleção, no Maracanãzinho, no Mundialito em 1982. Só de estar perto dos meus ídolos, eu ficava todo feliz. Resultado: quando fui ver, eu já era um adolescente completamente envolvido pelo jogo. Estava apaixonado pelo voleibol.

O esporte passou a ocupar toda a minha vida; eu estava em estado de encantamento absoluto. Treinava todos os dias… no mirim, no infantil, no infantojuvenil. Pegava a bola para o pessoal do juvenil. Ficava o dia inteiro no clube. No final de todos os treinos, eu ganhava o meu salário, que era um misto-quente. E eu achava o máximo! Nunca joguei por fama ou dinheiro, isso é uma consequência do tamanho da sua entrega.

Era tudo muito bacana para mim porque eu me sentia em casa. Tinha encontrado ali uma segunda família. E nós sempre fazíamos as finais contra o Fluminense. Botafogo e Fluminense eram os times que dominavam nas divisões de base no início dos anos 1980. E teve uma final que marcou muito, porque torcedores das organizadas do Botafogo, um pessoal que normalmente só vai ao estádio para ver futebol, foram ao ginásio do Mourisco, onde era esse jogo.

O clima do ginásio ficou lindo. Mas nós perdemos. Foi por um detalhe, e todo mundo achou que o juiz tinha roubado na bola decisiva. Ele saiu escoltado. Todo mundo gritando "Ladrão!" no Mourisco. Essa coisa que não está certa, mas acaba sendo parte do protesto do torcedor apaixonado.

Eu lembro que olhava para a arquibancada e pensava: "Cara, que loucura isso! Torcida de futebol gritando no jogo do vôlei mirim." Aí entendi o que era uma final de campeonato. Fiquei mais empolgado e só pensava em jogar novas e novas finais.

Pois foi exatamente nesse momento de enorme empolgação com o vôlei que meu pai recebeu um convite para ir para o Paraguai. "Paraguai!?", perguntei, quase chorando ao receber a notícia. "É", confirmou ele, com pouco caso. "Você vai ter que ir com a gente; você é muito novinho e vai pagar o preço por não se dedicar aos estudos." Quantas vezes perdemos coisas por não termos responsabilidade… Naquele momento, com 14 anos, me pareceu que estavam falando em ir para o recôndito mais distante do planeta. Sem praia, sem vôlei, sem nada…

"Poxa, pai! Mas e minha vida no voleibol?", perguntei, sem nem ter resposta. Para o tenente-coronel Samuel, o molecote ali na frente ainda não tinha exatamente uma "vida no voleibol". Isso era a minha irmã, que àquela altura já estava jogando no Bradesco, ganhando bem, na seleção brasileira.

Mas, para mim, ter visto as coisas boas que aconteciam com a Nana, vê-la dirigindo o carrinho dela, tudo me indicava um bom caminho. Quando ela comprou o primeiro carro, achei o máximo. Meu irmão também estava bem, fazendo faculdade… Enfim, os dois ficaram morando em um apartamento que meus pais organizaram por aqui e eu tive que ir para Assunção, deixando o Botafogo e o vôlei para trás. Vi aquele momento como o fim da minha história com o vôlei. Uma grande desilusão na minha vida.

CAPÍTULO IV
FUNDAMENTOS

Depois de 15 anos jogando na quadra e de ter decidido passar para a areia, tinha chegado a hora de disputar a primeira partida de vôlei de praia. Três semanas depois de deixar o vôlei de quadra, eu já estreava, em dupla com o Giovane, jogando contra o Montanaro e o Renan, no Rio, em 14 de julho de 1997.

Nós percebemos logo que precisávamos aprender novos fundamentos do vôlei, um esporte que eu dominava desde os 12 anos. O primeiro dia de treino na praia foi como o primeiro dia na escola. Todos os fundamentos sendo retomados para reinventar o nosso jogo em um novo ambiente.

Naquele momento, refleti e percebi algo que serve a qualquer atividade: é extremamente importante o domínio daquilo que é a rotina do seu trabalho. Essa é a base para você conseguir cumprir bem as suas tarefas e poder ir além e se destacar. Eu e o Gigio estávamos acostumados a jogar em ginásios refrigerados, com boa iluminação — ele estava jogando em Ravena e eu fui campeão mundial pelo Milan, na Itália. Depois do nosso resultado ruim na Olimpíada de Atlanta 1996, fomos para o vôlei de praia e começamos a enfrentar caras que estavam acostumados a jogar com a mesma intensidade sob chuva, com o sol na cabeça, na areia molhada, na areia fina...

Para jogar vôlei na areia você tem que ficar na ponta dos pés. Precisa se adaptar também ao tipo de areia de cada lugar. Se vai para Portugal, joga em uma areia praticamente movediça de tão mole... E joga às 11h, fazendo 40°C, sob o sol. Torna-se desesperador pisar na areia descalço. Às vezes, você sente uns choques no tornozelo. Só quando comecei a jogar na praia entendi a importância dos óculos, do boné — não são acessórios, são fundamentais por causa do sol. Você toca na bola e ela está com areia, que respinga para o seu rosto. Saber ser saco de pancada quando o adversário começa a sacar só em cima de você. Sacar contra o vento mistral, em Marseille, e ver a bola de volta para você e ainda ter que ouvir a zoação do "rato de praia" do outro lado da rede. É uma adaptação dura, uma reinvenção. É preciso ter muita humildade para reaprender a jogar, porque o vôlei de praia é um esporte completamente diferente do vôlei de quadra.

E era preciso jogar em alto nível. Não havia como escapar dessa cobrança. Tínhamos responsabilidades com os patrocinadores, com a TV, com o público. E também era preciso administrar tudo: contratar comissão técnica, organizar logística, atentar para os custos... Quantas vezes a gente não tem que fazer isso na vida ou no trabalho? Encarar desafios, fazer de forma diferente aquilo que a gente vinha fazendo da mesma forma há muito tempo. Aprender a fazer mais no mesmo tempo. O jogo ensina a fazer isso. A lição principal é a humildade, que se traduz pelo reconhecimento da necessidade do aprendizado permanente para a obtenção de novas conquistas, a despeito do passado que você carrega consigo, e a dedicação ao que é básico na sua atividade — no caso do vôlei, o que chamamos de fundamentos: passe, saque, levantamento, ataque, defesa e bloqueio.

Mas essa história de se reinventar eu tive que aprender bem mais cedo. Aos 14 anos, deixei a Urca e desembarquei em Assunção, no Paraguai, com meus pais. Àquela altura, minha irmã já estava na seleção e eu já vislumbrava uma luzinha lá na frente para mim. Quem sabe eu não poderia também, se me esforçasse bastante. Pelo menos eu já tinha tido uma experiência com o escrete nacional. Não que tenha sido um começo brilhante, mas tinha sido um começo.

Eu tinha um amigo, o Dedé, filho do major Paulo, preparador físico da seleção. Era um moleque como eu, nos seus 12, 13 anos... E quando o pessoal ia treinar na Escola de Educação Física do Exército, na Urca, a gente ia pegar bolas para eles.

O Dedé, para mostrar intimidade com os craques, ficava sacaneando os caras... Bernard, Renan, Montanaro, Amaury... Então, um dia, o Bebeto, que era o técnico, sinalizou com o apito o término do treino, e eles imediatamente correram para cima da gente. Eles nos pegaram pelos pés e pelas mãos e nos jogaram no mar, sem roupa, na praia que fica dentro do Forte da Urca do Exército. Lembro até hoje de olhar meu short numa árvore lá longe e ficar pensando como eu iria sair do mar pelado. Era um quartel! Mas a gente encarou tudo como brincadeira. Em vez de eu ficar chateado, senti como se essa brincadeira tivesse me tornado parte da turma.

E agora eu estava indo para o Paraguai. No carro, a caminho do outro país, eu pensava: "O meu pai acabou com meu sonho."

Quando ficamos mais velhos, o medo de começar de novo não desaparece, só expressamos de maneira diferente. Geralmente, assumindo uma postura negativa a tudo que signifique mudança. Só que nós disfarçamos isso com desculpas, criamos barreiras e dificuldades para nós mesmos que, muitas vezes, se tornam maiores do que elas seriam de fato se não enxergássemos através da lente do medo.

Eu estava indo para o Paraguai, mas já tinha morado fora do Rio com a minha família. Entre 1980 e 1982, vivemos em Manaus, onde meu pai foi designado para servir. E tinha sido um tempo de aprendizado... O primeiro autorama, a primeira bicicleta, o cachorro que morreu... A pipa, o carrinho de rolimã. Foi um período de infância perfeita, protegido dentro da Vila Militar de São Jorge.

Mas, dessa vez, meus dois irmãos tinham ficado para trás. O vôlei tinha ficado para trás. Eu não era um adulto, mas não era mais aquela criança de Manaus. Tinha tentado explicar isso aos meus pais. Quis ficar no Rio com meus irmãos. Resisti. Mas eles disseram: "Não, você ainda é muito novo, não estuda tanto quanto deveria, ainda é irresponsável!" Eu não pude contestar. Eles estavam certos.

Mas a vida tem surpresas. Em poucos meses, eu estava completamente apaixonado pelo Paraguai. Mais tarde, já jogando, essa experiência se repetiria muitas vezes. Viajar muito a contragosto, mas, ao chegar ao destino, me surpreender. Meus pais me matricularam numa escola muito legal, o colégio internacional. Para me animar, compraram um monte de bugigangas, que eu achava o máximo. São os produtos eletrônicos que chegavam ali vindos do Oriente e faziam a festa dos sacoleiros, em um tempo em que o país era mais fechado.

Eu tinha um monte de coisas que poucos amigos do Rio tinham: videogame, relógios. Comecei a tocar bateria e virei até DJ por um tempo, tocando músicas em casas particulares, no velho estilo "festa americana". Aprendi a falar um pouco de guarani e dominei muito bem o espanhol, o que acabou se revelando muito importante na minha trajetória. E o melhor: o destino me leva para diante da bola de novo, me leva para o caminho que tinha escolhido para mim. O colégio tinha um time de vôlei.

Enquanto fiquei no time do colégio, foram 11 campeonatos jogados e 11 títulos conquistados. Eu já era um atleta. Então, claro que jogava em outro nível. Virei ídolo.

E o melhor disso tudo é que o destaque na quadra me ajudou a melhorar nos estudos. Eu já estava mais velho, começava a entender a importância da educação de forma mais ampla. Mas também foi importantíssimo poder contar com a flexibilidade dos professores. Se eu tivesse jogo em um dia de prova, eles permitiam que eu fizesse segunda chamada. Davam importância para a prática esportiva. Assim, eu tinha mais tempo para estudar a matéria das provas. Se não fosse desse jeito, eu não teria conseguido.

E me esforçava mais. Meu pai ficava em cima e eu tinha medo que ele não me deixasse jogar se as notas ficassem muito baixas. Ele sempre me ameaçava. Além do mais, eu já estava começando a paquerar as meninas. Era um colégio americano, com alunos preparados. Pegava mal ter notas baixas. Comecei a tomar jeito.

Passei a frequentar as festinhas, a jogar o futebolzinho dos brasileiros que serviam por lá e acabei me adaptando perfeitamente bem à vida em Assunção, que é uma cidade bem interessante. Eu, com 16 anos, ídolo do vôlei da escola e DJ. Não estava nada ruim para mim.

Eu gostava de botar um set de música lenta para tocar nas festas. E era nessa hora de dançar coladinho que as coisas aconteciam. Teve coisas boas, outras nem tanto. Como sempre havia pouca luz, às vezes você se decepcionava no dia seguinte. Mas estava tudo bem. Eu estava curtindo uma fase de amadurecimento em que tudo parecia estar a meu favor.

Por mais que andássemos por tantas cidades, o Rio, onde moro até hoje, entre uma viagem e outra, é a cidade que eu e minha família sempre chamamos de "nossa casa". Mesmo que a gente tenha tanta preocupação quando os filhos saem à rua. Quando morávamos em Assunção, viemos passar as férias aqui. Eu tinha 17 anos e os meus amigos tinham prosseguido no vôlei, passando de categoria.

Fui assistir a um jogo da minha irmã, no ginásio do Botafogo, que era uma segunda casa para mim antes de ir para o Paraguai.

Quando cheguei ao clube, o pessoal começou: "Cara! Mas é o Tande! Olha o tamanho dele!" Por onde eu passava, era isso: "Gente, como você cresceu!" Aí percebi que naqueles dois anos eu tinha dado uma boa espichada. Não sei exatamente, mas já devia estar bem próximo da minha altura oficial, 1,98m, que é alto para um brasileiro comum, mas nada gigantesco para um jogador de vôlei. E cada vez os caras estão mais altos.

Mas, enfim, percebi que tinha ficado grande. Tinha ali uma vantagem competitiva. Estava mais alto que a maioria da turma que jogava comigo dois anos antes. Não estava jogando em clubes, mas me mantinha em atividade lá no Paraguai no time da escola. O vôlei não ocupava mais toda a minha vida, mas ainda era uma prioridade e isso voltou ainda mais forte depois de ter visto novamente minha irmã em atividade, bem no clube, com o ginásio aplaudindo.

Nesse momento, eu volto para o Paraguai e recebo a notícia. Mais uma mudança para testar minha capacidade de adaptação. Depois de ter aprendido o espanhol das aulas do colégio, o guarani para falar com os meninos nas ruas e estar perfeitamente adaptado, lá vamos nós para Brasília.

Foi devastador para aquele moleque que eu era. Um jovem começando a ficar adulto, que tinha completado a adaptação havia muito pouco tempo. E iria começar tudo de novo. Eu chorei, reclamei. Meus pais ficaram sentidos, entenderam minha tristeza. Mas me disseram: "Essa é a nossa vida."

Enfim, lá fomos nós para Brasília. Parte do tempo, éramos apenas eu, meu pai e a imensidão do Cerrado. Isso porque a minha mãe ficou dividida. Ela vinha para o Rio às vezes para ficar com minha irmã e meu irmão. Eu, acostumado àquela dimensão de cidade acolhedora, quase pequena, que era Assunção, estranhei demais Brasília, aquela cidade espalhada pela amplidão, onde não se vê ninguém andando pelas ruas, cheia de superquadras.

Essa história de pegar ônibus para ir aos lugares era uma novidade para mim. Eu me sentia completamente prostrado, me dedicando aos estudos só para cumprir a regra, sem perspectiva nenhuma de um futuro que me atraísse.

Havia deixado para trás amigos no Paraguai com os quais até hoje tenho contato. Todos são ainda de alguma forma ligados ao vôlei. Então, saí do Rio, deixando para trás o vôlei e os amigos. E saí de Assunção deixando para trás o vôlei e os amigos. E naquele tempo não havia a internet para facilitar as coisas para aquele adolescente alto e magro.

Mas, novamente, eu podia contar com o destino. Não sei se as pessoas certas simplesmente apareceram na minha vida na hora em que eu precisava ou se eu soube enxergar essas pessoas e essas horas — claro, excluindo aí as vezes que quebrei a cara com pessoas e situações que pareciam grandes oportunidades, mas acabaram não engrenando, o que faz parte de todo o processo.

O que eu sei é que, no meu primeiro dia em Brasília, encontrei meu amigo Fona na minha quadra, 103N, totalmente por acaso. O Fona é irmão do Marcos Vinicius, que foi vice-campeão olímpico em 1984, em Los Angeles.

A gente se cumprimenta e ele me pergunta o que eu andava fazendo, então respondo que, além de estudar, nada. E ele me fala que está jogando vôlei em Brasília.

Eu estava em um astral tão baixo que nem havia pensado se existiria vôlei em Brasília. Estava fora do meu radar. Eu só estava tentando me ajeitar ali naquela cidade. Aí, o Fona não só falou que estava jogando na AABB (Associação Atlética Banco do Brasil), como ficou todo animado e me chamou para ir jogar com ele.

Ele era mais velho que eu uns poucos anos e já jogava no adulto; eu estava na idade para o juvenil. Era para eu ter corrido para a quadra, claro. Mas a verdade é que eu estava tão desanimado que não consegui me entusiasmar muito com a ideia. Já estava me preparando para esquecer esse negócio de vôlei. Sempre que eu tentava engatar uma terceira, era interrompido. Eu me sentia como quem tinha perdido tudo, aquele sofrimento exagerado dos adolescentes.

Pois o Fona percebeu isso. E, no dia seguinte, em vez de esperar que eu fosse ao endereço que tinha me passado, dizendo para eu ir com roupa de treino porque iria me apresentar ao treinador da AABB, ele bateu na porta da minha casa.

A campainha tocou, minha mãe atendeu e era o Fona. Para mim, aquilo foi tão inesperado que entrei em pânico. Corri para o quarto e me escondi debaixo da cama para tentar pensar no que faria. Olhando para trás agora, percebo que eu sentia era um medo profundo de me decepcionar mais uma vez. E esse sentimento é paralisante. Pode fazer com que percamos muitas oportunidades. E eu nem sabia, mas estava vivendo ali um desses momentos decisivos que se refletiriam na minha vida e na minha futura carreira no esporte.

O Fona conversou um pouco com minha mãe, agindo como um verdadeiro irmão mais velho. Dona Maise foi sincera.

Pediu ao meu amigo: "Ajuda ele lá. O meu filho está muito desmotivado. Ele nunca foi assim. Tira ele da inércia."

Entendi então que o Fona estava agindo por amizade. Tinha percebido que eu precisava retomar a motivação. Ele é o tipo de cara que acaba de conhecer uma pessoa e já está entrando na casa dela, mexendo na geladeira... ele pega intimidade muito rápido.

No caminho do ginásio, eu estava todo ressabiado, e ele foi batendo papo, jogando o astral para cima, já tentando me motivar. Foi um toque muito importante para mim. Quando cheguei à quadra, já estava me sentindo mais vivo, quase pronto para voltar. O resto aconteceu só de ver a quadra e a galera treinando. Era como se eu tivesse voltado para casa, renascido das cinzas onde eu mesmo tinha me deixado ficar.

Nunca vou esquecer que o Fona naqueles dias me inspirou no sentido clássico. Ele fez com que meu pulmão se enchesse de ar de novo. Queria que eu fosse junto; sabia que eu era bom de bola e me fez voltar a apostar nisso. Fez com que eu acreditasse que poderia contribuir com a equipe.

Mais uma vez, é só a gente pensar no nosso ambiente de trabalho. Não é diferente na quadra ou na sede de uma empresa. A gente fica muito feliz quando, inspirado por alguém, começa se sentir parte de um time, se sente capaz de dar a sua parte para a construção de um projeto em que acredita. Foi o que aconteceu quando cheguei na AABB e comecei a jogar com o Jerônimo Perdomo, um formador de atletas. Aí, as coisas começaram a acontecer.

CAPÍTULO V
A VIDA NA QUADRA

A quadra de voleibol é um retângulo medindo 18 metros de comprimento por nove de largura. Esse espaço é dividido por uma rede. Essa rede é içada à altura de 2,43 metros em partidas entre jogadores adultos, no masculino. A posição da rede é invariavelmente no meio da quadra.

A quadra tem uma zona livre, de pelo menos 3,5 metros para além de suas medidas. Essa área pode ser usada pelos jogadores ao longo da disputa de um ponto. Também há uma divisão interna na quadra. Ela separa a área de ataque. Jogadores que estão na defesa não podem pisar sobre ela ou ultrapassá-la. Mas, se a oportunidade certa surgir, o jogador poderá saltar por sobre essa linha e atacar também.

A quadra se assemelha a um ambiente corporativo, onde as regras e posições estão menos explícitas, mas eventualmente podem ser até mais rigorosas que as do vôlei. Os espaços de atuação de uma empresa são subdivididos e é preciso que cada um se dedique a fazer bem-feita uma tarefa — defender, levantar, atacar — para que o time inteiro funcione. Mas os espaços não precisam ser limites intransponíveis. Durante o jogo, pode ser que o atleta tenha que pegar a bola bem distante da quadra e trazê-la de volta. Imagine que alguém da retaguarda de uma empresa, como o gerente de tecnologia, pode ser o jogador de defesa que vai lançar a cartada decisiva para que um projeto importante decole, saltando de trás e partindo para o ataque. É tudo uma questão de oportunidade e de saber jogar para o time.

No vôlei, assim como numa organização empresarial, há muitos detalhes que não são percebidos à primeira vista, mas que são fundamentais para que a equipe de frente esteja afiada e afinada. Tem que ter passe antes para que o levantador possa trabalhar com eficiência. Tem que ter um levantador com visão estratégica para a bola chegar na mão do cara na rede. E tem que ter resultado: é preciso botar a bola no chão.

Logo que cheguei à AABB, o Jerônimo me colocou para jogar no time juvenil. Era o momento em que eu estava mais para baixo e foi quando a minha sorte mudou. Eu já não era mais um garoto, apesar de ainda não ser adulto. A quadra, a partir daquele momento, se tornou o meu local de trabalho.

Não sei se vocês ouviram falar dos anos 1980. Foi uma época muito boa e tive a sorte de entrar na vida adulta nela. E eu estava em Brasília! Comecei a perceber que, na verdade, a sorte ainda estava a meu lado. Já mais acostumado com o clima seco e com as superquadras, comecei a frequentar os shows da Legião Urbana, do Capital Inicial, da Plebe Rude, dos Paralamas do Sucesso.

Eu começava a namorar, a sair de casa à noite, a ir a esses shows no Gilberto Salomão. E quais eram as bandas que se apresentavam? As melhores: Legião Urbana, Capital Inicial, Plebe Rude, todas de Brasília. Descobri o amor e tive a minha primeira namorada séria lá na capital.

De resto, era a escola e a vida diária na quadra. Muito treino, muita preparação. Comecei a jogar os primeiros torneios locais. Quando tem início o campeonato brasiliense, mostramos qualidade e o sucesso apareceu. Fomos campeões.

Quando a seleção brasiliense juvenil é convocada, sou chamado e entro como titular. Tudo vai acontecendo muito rápido e vai ficando cada vez mais sério.

Logo a seguir, houve o campeonato brasileiro de seleções. Eu fui convocado para representar o Distrito Federal. Meus velhos jovens amigos estavam na seleção do Rio, a turma do Botafogo, Fluminense, Flamengo... Havia vários jogadores com quem eu jogaria mais tarde na seleção brasileira.

Fomos jogar o torneio em São José (SC), na Grande Florianópolis. São Paulo tinha um timaço, com um tal de Giovane Gávio como destaque, que se tornaria muitos anos depois meu amigo, irmão, parceiro de todas as minhas conquistas na quadra e na praia. Minas tinha um timaço também. E a seleção do Rio contava com o Anjinho como levantador. Ele jogava no Flamengo desde cedo e era da seleção brasileira já àquela época. Além dele, havia outros amigos, como o

Dentinho, o Fiapo, que virou fisioterapeuta da seleção comandada por Bernardinho, e o Guilherme, que foi do vôlei de praia.

Já de cara, nós ganhamos da seleção de Minas, que era uma das favoritas. O pessoal do Rio já ficou olhando, lá da arquibancada. "Olha o Tande jogando lá!" O time jogava bem direitinho, graças ao bom trabalho do Jerônimo. Ele tinha formado em pouco tempo uma equipe que era bem unida. Encontramos São Paulo. Perdemos, mas o jogo foi lá em cima, com pancada para os dois lados. Ganhamos de Santa Catarina, que tinha o Janelson.

E perdemos para o Rio, que veio arrasador. Eu tive uma atuação apagada nesse jogo. Acho que fiquei mexido por estar jogando contra os meus amigos. Estava acostumado com eles. Olhando agora, percebo que ali eu senti a pressão. A mão não estava tão firme como de costume. Era inconsciente.

Mas o resultado não teve nada de decepcionante. Brasília terminou em quarto lugar, entre os grandes. Era a primeira vez que isso acontecia naquele torneio, que era muito importante nas divisões de base.

Ao fim do campeonato, estava previsto o anúncio dos melhores do torneio e a convocação da seleção juvenil brasileira, que iria à Venezuela para disputar o Campeonato Sul-Americano. Eu nem sequer sabia que haveria essa convocação. Provavelmente, não sabia sequer do Sul-Americano. Então, anunciam no alto-falante os destaques. O técnico da seleção começa: "Revelação do campeonato, Tande!"

Eu me assustei e aí veio o melhor: eu e Leandrinho estávamos na seleção brasileira juvenil e iríamos para Caracas representar o Brasil no Sul-americano da categoria. Fiquei sem acreditar. "Caramba! Eu estou na seleção brasileira. Igual à minha irmã!"

Quando caiu a ficha, era como se tudo tivesse mudado. Eu estava absolutamente encantado. Lembrava daquelas camisas que eu roubava da Nana e ria sozinho, pensando que eu agora teria a minha própria camisa amarela, com meu nome.

Nosso desempenho no Campeonato Juvenil animou o pessoal de Brasília. Eles montaram um time adulto. Alguns jogadores de bom nível foram contratados e eu comecei a jogar também entre os caras grandes. Com 17 anos, enfrentei o Bernard, o Renan... a turma da Geração de Prata. Ganhei dois jogos do Flamengo. Ganhamos também da Pirelli, que era o grande time da época. Eu vim do banco e joguei bem, ajudando a virar o jogo. Tive o privilégio de ganhar dos meus ídolos Renan, Xandó e William. Eu estava ganhando experiência rápido. E aprendia a importância das coisas.

Dos reservas, por exemplo. Eu sempre me destaquei nos times que joguei. E dividi a quadra com os melhores do mundo. Mas às vezes o melhor do mundo pode ficar doente, ter tido uma noite ruim. Às vezes, a gente pode simplesmente, sem nenhum motivo aparente, não estar em um bom dia. Acontece no trabalho de todo mundo.

Se o técnico agir corretamente, o melhor do mundo vai para o banco e o time precisa se manter unido e forte, com cada um suprindo e tentando compensar uma eventual deficiência no time. E essa é mais uma lição que o esporte ensina para a gente sobre as organizações.

Nas empresas, sempre haverá um dia em que o reserva é o cara que vai ganhar o jogo. Portanto, não há motivo para que cada um não se sinta como parte de um time. Ninguém é a estrela, ninguém é o reserva, são todos peças de uma grande engrenagem que precisa funcionar bem para que se atinjam as metas traçadas.

O time, qualquer time, precisa jogar como um só corpo, independentemente das mudanças em peças que porventura ocorram. No voleibol, o banco se tornou importantíssimo ao longo do tempo; é uma extensão da quadra. Os campeonatos são longos, sempre alguém se machuca; você vai precisar do banco. Além disso, o cara que está no banco joga junto. Ele observa o jogo de fora e passa informações sobre o bloqueio adversário, coisas que você não enxerga de dentro da quadra.

A gente pode ver nos pedidos de tempo nos jogos, especialmente de seleções, como caras como Bernardinho, Renan, Giovane, José Roberto Guimarães trabalham. O tempo inteiro a gente vê o pessoal do banco indo conversar, trocando impressões, dando dicas para quem está em quadra.

E é preciso confiar nas lideranças. Numa equipe de voleibol, não se conquista nada sem a confiança no líder, que é o treinador, além do capitão, dentro da quadra. Mas é bom ter em mente que o líder não é infalível e nem o mais forte dos seres humanos. Então, é importante demonstrar a ele a sua confiança e também saber trocar ideias, escutar e ter a capacidade de falar aquilo que incomoda, de forma clara e sem temor. Ser parceiro.

Uma coisa do vôlei que as empresas precisam aprender: a importância da inteligência, de saber aproveitar as informações que estão disponíveis e devem ser bem trabalhadas.

Na quadra ou na praia, cada vez mais o jogador tem informação baseada em estatística. Na hora, ali, é possível saber quantas bolas o seu adversário está batendo na diagonal, para que lado ele vai sacar e muitas outras informações que podem se revelar decisivas.

Na minha época, fazíamos isso na hora do *briefing* do hotel, antes de irmos para os ginásios onde aconteciam os jogos. Ali, a equipe técnica procurava passar tudo o que sabia sobre os adversários e de que maneiras poderíamos furar a defesa deles ou neutralizar o ataque. O jogo já era todo filmado. Depois íamos debater o que aconteceu.

Seja no esporte ou no mundo corporativo, ir para o jogo sem o apoio da inteligência, em um mundo com ferramentas como o *big data*, por exemplo, não faz mais nenhum sentido. Mas a gente vê algumas pessoas às vezes desprezando essas informações. Os melhores, os vencedores, dificilmente assumirão essa atitude.

CAPÍTULO VI
APRENDER A VENCER

Quando vou dar minhas palestras em empresas ou eventos, sempre me perguntam coisas como: quando descobri que queria ser jogador de vôlei? Como soube que aquele era o melhor caminho?

A resposta talvez seja um pouco decepcionante, mas a verdade é que eu acho que nunca soube. Não houve um momento onde tudo se tornou claro para mim. Por outro lado, eu estava preparado para o que acontecesse. Tinha a base da família e tinha energia de sobra, coisa que nunca me faltou em quadra ou na vida. E quando comecei a jogar no meio de gente grande, a cortar com caras como o Paulão, Giovane e Carlão bloqueando, tinha a confiança de que eu precisava para bater forte e colocar a bola no chão. E é bom frisar: confiança não é arrogância. Arrogância é achar que você pode tudo. Confiança é ter consciência da sua capacidade e não ter medo de enfrentar o desafio que é correr atrás do melhor desempenho a que suas potencialidades podem te levar.

Muito antes de começar a jogar no adulto, na AABB, eu havia ganhado, de graça, uma lição sobre essa diferença entre arrogância e confiança e sobre como é importante que cada membro de um time dê sempre o seu melhor, dentro de seu potencial.

Eu jogava no mirim do Botafogo e perdemos uma final. Tinha um cara no mundo do vôlei que era uma referência para todo mundo, sobretudo para nós, garotos de 12, 13 anos, que estávamos começando.

Era o Bené, Benedito da Silva. Um conselheiro muito respeitado que já tinha lançado, à frente do Fluminense, caras que se consagraram, como o Bernard, o Fernandão, o Bernardinho... Todos estavam na seleção naquele momento.

E era um cara folclórico, gritava o tempo todo enquanto dava os treinos. Enfim, era uma grande figura, um formador de jogadores, a quem ele chamava de "beneditinos".

Acabou o jogo e o Bené entra no nosso vestiário. Vejam como existem esses grandes caras, dedicados a formar não apenas jogadores, mas profissionais e cidadãos melhores. Eles não se limitam apenas às suas equipes. Sentem-se responsáveis por incentivar as pessoas a serem mais humanas. Eles estão em todos os lugares e são pessoas muito especiais. Mesmo que a gente não compreenda o método deles, mesmo que eles sejam até mais duros do que deveriam, quem souber ouvi-los só tem a ganhar.

Da porta do vestiário, ele vem andando até o banco onde eu estava tirando o tênis. Sem preâmbulo, sem nada, ele aponta para mim e fala para o time todo ouvir: "Aqui tem uma ferramenta importantíssima para esse time rodar, mas ela está em cima de um pedestal. Ele está com um salto alto deste tamanho; não jogou nada!"

Eu virei a cara, meio sem graça. Foi pior. Ele abaixou a cabeça na minha direção e falou, praticamente gritando: "Você, Tande, não jogou nada, seu merda. Você é bom de bola, precisa saber que é bom no que faz. Mas tem que entender que, se não descer desse pedestal, vai prejudicar seu time, vai falhar com quem precisa de você. E aí, vai acabar não achando lugar nenhum para jogar"

Deu uma pausa e o golpe final: "Entendeu, seu merda?"

Era o estilo do falecido Bené, exagerado até para os anos 1980, quando a gritaria era normal na quadra. E ele se preocupou comigo, que era jogador do time adversário. Mas não fiquei nada feliz de tomar aquele baita esporro na frente dos meus amigos e de levar a culpa pela derrota. Talvez todo mundo no vestiário estivesse pensando o mesmo que o Bené, mas preferia não falar para não me magoar. Só que aquilo era o que eu precisava ouvir.

No caminho para casa, eu já pensava: "Poxa, se o Bené vai até o vestiário depois do jogo, quando era para estar comemorando com os jogadores dele, só para dizer isso para mim, é porque eu devo ter algum valor. Esse cara sabe do que está falando. É melhor eu seguir o conselho dele." A "síndrome do salto alto" que eu tinha foi abandonada para sempre. Humildade e trabalho em equipe se tornaram a base do meu jogo — dentro e fora da quadra.

Depois do campeonato em que voltei para Brasília como revelação, eu tinha assinado meu primeiro contrato profissional com a AABB e já estava jogando entre os adultos. Meu pai tinha vindo para o Rio e eu tinha ficado sozinho em Brasília. Já tinha namorada, já tinha contrato e já estava convocado para a seleção. Com 17 anos não estava nada mal para mim, mas não se pode dizer que a vida estava fácil. A correria era intensa.

Viajei para o Rio para me juntar à seleção juvenil e encontrei aqui uma turma que faria parte da minha vida para sempre. Aquele time tinha Giovane, Marcelo Negrão, Douglas, Janelson... Olhando para trás, a gente vê que era um time que tinha muito potencial.

E não tinha lugar para moleza; treinávamos pra caramba! Para se ter uma ideia do nível daquele grupo, o Negrão foi cortado. Ele chorava, falando: "Eu queria ir nem que fosse para ficar só olhando do banco."

Mas ele é dois anos mais novo do que eu, tinha 15 anos naquela época. Na posição em que ele jogava, havia eu e o Janelson. Tentaram colocá-lo no meio da rede, mas não funcionou tanto. Ele ainda teria que esperar mais um pouco para chegar a vez dele. Acabou cortado. Dois anos depois, viraria titular absoluto da seleção principal e um dos maiores atacantes do mundo.

Nós treinávamos oito horas por dia, hospedados no Centro de Educação Física Almirante Adalberto Nunes (CEFAN) da Marinha na avenida Brasil, Zona Norte do Rio. Comíamos com os soldados e só tínhamos folga de 15 em 15 dias. Regime militar! Mas não tem outro jeito de fazer. Você sofre no treino para ver o paraíso na hora do jogo. E era um tempo em que os jogos de vôlei tinham vantagem antes do ponto. Então, havia jogos de quatro ou cinco horas, o que não existe mais hoje por conta das mudanças da pontuação e do *tie break*. Cheguei a disputar partidas de cinco horas saltando e cortando.

O alojamento não era fácil, até porque tinha gente que se esquecia de lavar a meia. Eram garotos que, muitas vezes, não haviam aprendido, ainda, a lavar roupa. Mas, enfim, a gente suportava. Todo mundo estava orgulhoso de estar na seleção.

Então, viajamos para a Venezuela. Primeira viagem internacional como jogador. Todo mundo de walkman no ouvido, tirando onda, uniformizado... Quando o time foi escalado, entrei como titular, com Giovane, Janelson, o Douglas como central... uma geração promissora.

Éramos favoritos e demos conta do recado. Mas não foi fácil assim. Na final contra a Argentina, por exemplo, o nervosismo era absurdo. E tudo era novo para aqueles jogadores de 17 anos. Eu entrava na quadra, via aquele público todo, a atmosfera de competição internacional, e me sentia como um jogador de futebol ou um dos nossos ídolos do vôlei. Era como se eu fosse o Renan, que era o cara em quem eu mais me espelhava na época.

Eu estava começando a ter meus rituais, que acabaram até virando manias e superstições meio exageradas ao longo do tempo. Como foi o caso da Olimpíada de 1992, quando não quis fazer barba até a final, achando que, se eu fizesse, a nossa sorte viraria.

Para mim, era a música que ajudava na concentração. Eu usava a música para relaxar e não entrar em jogo com uma tensão excessiva. Então, eu tentava me divertir, brincava...

Tive muitas superstições e acreditava, sem nenhuma base racional, que certas coisas me influenciavam quando eu jogava. Havia jogos em que eu ficava mais solto e jogava bem. Em outros, achava que deveria ficar mais sério, mais concentrado, e já não ia tão bem. No seguinte, eu já mudava tudo.

Essas superstições dominam até o mais equilibrado dos seres que se envolvem com o esporte. O Renan é o cara mais conhecido por isso. Ele tinha umas coisas do tipo "se eu não tocar naquela árvore, nós vamos perder o jogo". O Zé Roberto Guimarães, nosso técnico na Olimpíada de 1992, foi a todos os jogos com a mesma cueca. Ia para o jogo, tirava, lavava e vestia de novo dois dias depois. Então, a gente vê como a superstição fisga até os caras mais estudiosos, que mais trabalham com planejamento e racionalidade, como é o caso do Zé.

No jogo contra a Argentina, a final do Sul-Americano, nossa geração demonstrou, pela primeira vez, o potencial que tinha. O nervosismo foi nosso grande adversário. Todo mundo antes do jogo ria, aquele riso travado... acho que eu mais do que todos da equipe. Mas isso foi vencido muito rápido depois que a gente entrou em quadra e foi dado o primeiro saque. A verdade é que demos um passeio. Não houve a menor chance para a reação dos *hermanos*. Foi um 3 a 0 com um sabor muito especial para todos nós.

Para mim era um passo grande. A primeira conquista internacional. Era uma sensação extremamente gostosa. Ficamos com o sentimento de que aquela equipe técnica estava apostando na gente. Estávamos aprendendo a vencer. E o que fizemos? Fomos comemorar? Voltamos para casa? Não, fomos para o interior de Cuba treinar. A construção de um time campeão não é nada fácil.

CAPÍTULO VII
UM PONTO DE CADA VEZ

O vôlei não era o segundo esporte do Brasil até o início dos anos 1980. O basquete tinha muito mais tradição. O país não contava com grandes conquistas no currículo. O vôlei era visto como o esporte que as meninas jogavam na aula de educação física. A ascensão do Brasil na modalidade só começou com a Geração de Prata, que se tornou uma paixão nacional. Antes disso, era só um coadjuvante nas competições internacionais desde que esse esporte, inventado por um diretor americano da Associação Cristã de Moços, entrara para a programação oficial dos Jogos Olímpicos, em 1964. Nessa época, o Brasil participou da competição comandado pelo grande e saudoso técnico Sami Mehlinsky, que mais tarde foi chefe da delegação de 1992 e campeão olímpico conosco. Vale a pena mencionar que foi justamente nesses jogos de 1964 que aprendemos um fundamento hoje considerado dos mais básicos, a manchete. Como se vê, essa geração é a responsável pelo começo de tudo lá atrás. A partir dela fomos nos aperfeiçoando, chegamos ao alto rendimento e, por volta da década de 1980, nos profissionalizamos e viramos uma das grandes potências no esporte.

Nesse início, não éramos os piores. Mas sempre esbarrávamos nos grandes bichos-papões, como Cuba, nas competições continentais, e a União Soviética, que tinha um domínio absoluto das quadras, uma seleção quase invencível na década de 1970.

Em 1976, o Brasil foi o sétimo colocado no torneio olímpico. Em 1980, com o boicote aos Jogos sediados em Moscou, ficamos com a quinta colocação. A partir daí, o Bebeto de Freitas, que vinha de uma experiência nos Estados Unidos e tinha jogado a Olimpíada de Montreal (1976) pela seleção, assumiu o cargo de treinador. A filosofia era valorizar os treinos, com muito fundamento, trabalhar mais do que os adversários e planejar cada passo, cada ponto, em busca da vitória lá na frente. Bebeto de Freitas e Jorge de Barros criaram a escola brasileira do vôlei, uma história linda da qual tenho muito orgulho de participar.

Em 1982, o Brasil foi vice-campeão mundial na Argentina. Já era um claro sinal. Mas o grande marco foi a conquista do Mundialito, aqui no Brasil, meses antes. Para se ter uma ideia, foi a primeira competição de vôlei com transmissão ao vivo pela TV. O Brasil derrubou grandes seleções, como a vice-campeã olímpica Bulgária e o Japão, até chegar à final, contra a União Soviética, nada menos que a campeã olímpica e mundial, uma seleção que estava invicta havia seis anos e tinha monstros do vôlei como Zaytsev e Savin. E o Brasil venceu essa equipe, diante de 20 mil pessoas, com o Bernard marcando vários pontos com o famoso saque "Jornada nas Estrelas", que depois eu viria a sacar em homenagem ao craque.

Quando a seleção ganhou a inédita medalha de prata olímpica, em 1984, o vôlei já tinha tomado conta do Brasil.

E menos de quatro anos depois, eu, no Sul-Americano Sub-21, vestia a camisa amarelinha da seleção. A gente começou a se sentir parte daquela história, colegas de ofício daqueles ídolos que eram a nossa inspiração, nosso espelho.

Eu tinha uma certa proximidade com eles, porque eu frequentava a Urca, vendo-os treinar. Eu queria ser o Renan, o Bernard, o Amauri, o Montanaro, o Xandó, o Willian e cia, esses caras que eu achava os melhores. A gente olha para trás e tem certeza de que não teria chegado à medalha de ouro em 1992 se eles não tivessem feito o que fizeram antes de nós.

Esses caras foram como cobaias mesmo, no desenvolvimento do voleibol, comandados por Bebeto e Jorjão. Conseguiram unir, no método antropofágico brasileiro de deglutir o que vem de fora e devolver uma coisa original, o que havia de melhor no vôlei em todo o mundo. A escola brasileira assimilou a metodologia russa do bloqueio, a velocidade dos asiáticos, o volume de jogo americano... Aprimorando cada vez mais essas características, eles conseguiram fazer com que aquela seleção jogasse um voleibol diferenciado.

Não era uma seleção muito alta, mas parecia um *dream team*. Os caras eram como os Harlem Globetrotters do vôlei, muito mais de dar espetáculo do que a gente. Ver o treinamento deles era fantástico. Você olhava o Bernard jogar a bola contra a rede, e atacar a própria bola que havia jogado quando ela voltava para ele. Aqueles jogadores tinham se desenvolvido e se tornado realmente craques de altíssimo nível.

O Bernard tinha aquela jogada em que batia em dois tempos, com o bloqueio subindo no primeiro e ele batendo sozinho, só tendo o trabalho de botar no chão. O Xandó era um fenômeno, com uma impulsão impressionante e muita força.

Nossa geração, na verdade, acabou tendo espaço e queimando algumas etapas porque aquela Geração de Prata teve uma briga com a Confederação brasileira e, com isso, nós acabamos entrando. Mas, se não fossem eles, o Brasil não seria o segundo país com mais medalhas olímpicas no vôlei. Eles ganharam a primeira das dez medalhas olímpicas do vôlei brasileiro. Marcaram o primeiro ponto. E se tem algo que a gente não pode esquecer na vida, no trabalho ou no jogo, é que ninguém faz nada sozinho, que fazemos parte de uma construção e que cada ponto — perdido ou ganho — vai ser importante para decidir quem vai ficar com a vitória no final.

O maior sinal de que já fazíamos parte de um projeto de médio a longo prazo para o vôlei brasileiro veio do fato de que, após o Sul-Americano, mesmo depois de todo o sacrifício da preparação no Rio, longe de casa, de família, de tudo, não fomos dispensados. Eles nos levaram para Cuba para jogarmos uma série de amistosos. Era uma seleção fortíssima. Perdemos mais jogos do que ganhamos.

Mas foi uma viagem bem difícil. Não ficamos em Havana ou nada parecido. Era no interior, Sancti Spíritus, uma cidade bem modorrenta. Estávamos em regime de imersão total, com os times masculino e feminino jogando contra as seleções juvenis cubanas em várias cidades.

Não sei se essa foi a intenção, mas que a gente tomou um susto, tomou. Os meninos cubanos voavam! A gente olhava um para o outro e nem precisava dizer o que cada um estava pensando: "Isso aqui é outro nível."

A equipe técnica estava fazendo vários testes. Treinávamos em dois turnos quase todo dia, aprimorando os fundamentos e o nosso jogo.

Em meio a isso tudo, tive um grande aprendizado, que é o de saber estar no mundo. Comprei minha primeira camisa de marca estrangeira, num tempo em que o país ainda era muito fechado. Passamos 11 horas em espera de conexão no aeroporto, no Panamá. Quando fomos para Havana, já pudemos ir para a praia, ter um pouco de contato com o país. Assimilando essas vivências, você constrói repertório, vai aprendendo a se virar, constrói sua independência no sentido mais amplo. Não é preciso sequer dominar o idioma, mais importante é o aprendizado de saber correr para um lado e para o outro e conseguir aquilo que você precisa. Se tem uma coisa que o brasileiro já praticamente nasce sabendo é se virar. Então, temos que saber aproveitar esse diferencial, essa capacidade de adaptação a nosso favor. Naquela primeira viagem internacional, sendo posto diante de países e situações diversas, tive um aprendizado gigante para levar por toda a vida.

Nem sempre a gente percebe as dificuldades, as situações mais estressantes e adversas, o momento em que parece que as coisas deixaram de acontecer como oportunidade de aprendizado ou de reflexão. Para conseguir isso, é preciso estar sempre atento a tudo que se passa à sua volta. As pessoas mais criativas têm a capacidade de entender o que acontece e construir soluções que transformam a realidade, como fazem os criadores de *startups* hoje, os caras que vão ser os próximos milionários. As ideias que movem essas mentes privilegiadas vêm disso: estar atento ao que está em volta.

CAPÍTULO VIII
NO CAMINHO DO PÓDIO

Desde o meu período nas quadras, o vôlei evoluiu bastante. Evoluir não é ser melhor ou pior, é acompanhar o tempo e o conhecimento presente. Quando comecei a jogar nas seleções, os períodos de treinamento eram muito mais longos do que os atuais. Hoje, tudo é mais curto. Por quê? Porque há a conscientização de que, se você sabe que vai servir ao selecionado do seu país, representar toda uma nação, precisa começar a se preparar muito tempo antes.

Hoje, graças ao que a Geração de Prata plantou e a gente soube colher, há um calendário estabelecido de competições comercialmente viáveis. Não dá para o jogador ficar seis meses à disposição da Confederação Brasileira de Vôlei.

O que acontece é que os jogadores se apresentam poucas semanas antes da competição e precisam se apresentar com o condicionamento físico adequado. Isso se tornou uma responsabilidade individual do atleta, o que é, sem dúvida, uma evolução. O que se trabalha é o jogo coletivo, o entrosamento, a parte tática. Nada diferente de uma empresa, onde cada um já chega com o seu *background*, pronto para dar sua colaboração desde o primeiro dia e precisa aprender a jogar como uma equipe, se posicionar e fazer seu trabalho complementando o dos colegas de trabalho. Ninguém vai fazer curso para aprender o básico da atividade. Isso já se deve trazer na bagagem.

Pois então: o título do Sul-Americano de 1988 valeu para o nosso time a classificação para o Mundial Juvenil, Sub-21, que aconteceu na Grécia, em agosto de 1989. Dentro do que era praxe, tivemos mais seis meses de treinamento.

A gente estava sob o comando do Jorge Barros, auxiliar técnico do Bebeto na Olimpíada de 1984, treinador da seleção de vôlei feminino em 1985, um grande técnico, um dos revolucionários que ajudaram a criar a escola brasileira de vôlei, um cara que segue envolvido com o esporte até hoje.

E o fato é que ele fez a gente treinar como loucos. Saímos da caixinha completamente com os métodos do Jorjão. Imagine sair do avião, mortos da silva, e o cara levar a gente para o ginásio. Foi assim.

A gente não conseguia deixar de ver aquilo como uma espécie de castigo. Pensava em desistir. Todo mundo sabia que era importante, mas o Jorjão arrancava tanto o nosso couro que pensávamos que ele tinha enlouquecido. "Como vamos treinar saindo do avião? Vamos descansar, pelo amor de Deus." A gente pedia, mas não tinha jeito.

A mentalidade era a seguinte: "Você está cansado e ainda vai dar um pouco mais? É aí que você vai crescer. Está todo mundo cansado? É nessa hora que vai despontar o protagonista. É a hora em que o mais forte, o mais preparado, vai prevalecer sobre aquele que baixou a guarda."

Aquele regime de treinos no limite fez com que a nossa geração tivesse uma preparação atlética, uma capacidade de correr alguns degraus acima em relação à anterior.

A seleção estava desenvolvendo um trabalho desde o início da década e nós estávamos em um ponto importante dessa evolução. Pessoas de perfil profissional diferenciado, professores com muito conhecimento em fisiologia, lançando mão de métodos científicos e se dedicando a preparar desde os juvenis os jogadores que serviriam à seleção. É como deve ser no esporte de alto rendimento. Não dá para ser amador, não dá para investir pouco, não dá para improvisar um caminho para a vitória. Ou é assim ou não tem pódio.

Com a nossa geração, o processo foi o seguinte: a base de tudo foi a Geração de Prata. Quando começamos a despontar, a equipe técnica viu o potencial. Éramos um time com estatura mais elevada, além de sermos muito unidos. Ninguém tinha dúvida de que o potencial reunido ali era gigantesco.

A gente aprendeu com os erros e acertos da Geração de Prata. Eles eram muito unidos. A medalha de ouro era para ter sido deles e eles mereciam muito por tudo o que fizeram pelo esporte e pelo talento com que jogavam. Tinham ganhado o Pan-Americano, foram vices no Mundial, ganharam o Mundialito... Enfim, era sobre essa base que se estava construindo um novo futuro para a seleção. E o projeto era ir ainda mais longe do que a geração anterior.

Então, era isso. Acordar de manhã e ir correr sem tomar café. Porque, como diziam os professores, era bom para tirar as toxinas. É claro que tudo ali fazia sentido, estava dentro do planejamento. Mas nós, com 18, 19 anos, não conseguíamos ver isso. "Esse cara quer acabar com a gente!", "Tô com fome!" Era nisso que a gente pensava. Mas a resposta do regime era dura: "Corre mais rápido então que você vai comer mais rápido."

Não tinha choro, nem vela. Era acordar, calçar o tênis, correr do Leme ao Posto 6 e voltar, o que dá oito quilômetros. Depois, tomar o café, subir para tomar um banho rápido e descer para o treino. Parecia loucura. Mas são esses caras que botam você em condição de jogar cinco sets sem sentir cansaço e sem sofrer lesões mais graves, que são muito comuns no esporte de alto rendimento. Eu nunca precisei operar o ombro ou o joelho, o que acontece muito no vôlei. Esse trabalho duro, de base, proporciona as condições para adquirir novas habilidades. Além disso, na hora do jogo, você vai estar com o corpo e mente prontos para entender e executar tudo aquilo que o técnico pedir. E aí, quando estiver lá no alto do pódio, você vai se lembrar do que passou, agradecer aos caras, entender o trabalho. E a medalha vai ter um gostinho ainda mais doce quando você der aquela mordida tradicional.

Enfim, depois desse sufoco, fomos para a Grécia. Campeonato mundial. Eu ainda sorrio comigo mesmo quando me lembro desse momento. Porque era o garoto vindo lá da

AABB e encontrando o mundo todo. Isso é legal pra caramba! Foi um grande momento para mim e para os outros garotos.

Mas, quando o torneio começou, a coisa começou a ficar feia. Encontramos a seleção soviética, que era a favorita. E ali a gente viu o que eram jogadores altos. Eu já tinha praticamente o 1,98 metro que tenho hoje, mas tinha que olhar para cima para ver os caras.

Não lembro exatamente quem foi, mas quando estávamos olhando, tentando disfarçar o espanto, alguém perguntou: "A gente vai jogar contra esses caras?"

Iríamos, claro. E era um momento muito importante para mim. Os russos eram ídolos de infância, caras como o Savin, que eu tinha visto nos meus primeiros passos na quadra. A gente sabia que seria um jogo bem difícil. E foi, mas nem tanto. Ganhamos de 3 a 0. O que nos favorecia é que éramos muito habilidosos.

Depois, encontramos pelo caminho os japoneses. Eles tinham uma tática que era desconhecida para nós. Começamos a ver que o voleibol poderia ser jogado de uma forma diferente daquela que jogávamos. Eles nos surpreenderam. Apesar de termos atacado com toda a força, eles tinham uma defesa muito forte. E paciência. Se a bola viesse ruim, eles exploravam o bloqueio, buscavam o fundo da quadra. Tinham habilidade e estatura. Na geração anterior, o bloqueio era simples ou duplo, nós já fazíamos sempre duplo, até triplo. Para escapar do nosso bloqueio gigantesco, eles usavam recursos a que não estávamos acostumados. Para a nossa geração, aquele era o primeiro contato com a escola asiática. Foi 3 a 1 para eles, com um 15 a 6 difícil no quarto set.

Depois do último jogo, houve uma reunião bem pesada no vestiário. O presidente da Confederação Brasileira de Vôlei, Carlos Arthur Nuzman, desceu e cobrou todo mundo. Disse que eu tinha que melhorar na parte física, criou um clima muito ruim. Ele deu o recado dele, talvez não na hora certa, mas um recado que precisava ser dado. Até que o Jorjão levantou e falou: "Eu tenho orgulho do trabalho que está sendo feito. Tenho orgulho desse time." E disse que nós teríamos que levar aquele jogo como uma lição para toda a vida: o aprendizado de como se reinventar nas dificuldades.

Esse foi o exato momento em que a equipe se fortaleceu, ganhou confiança, ganhou senso de responsabilidade, enfim, alguma coisa difícil de definir e que leva um time mais adiante. Os atletas eram, além de mim, Dentinho, Marcelo Negrão, Giovane, Bocão, Douglas, Anjinho, Janelson, Angelo, Pezão, Ronaldo, Celsinho.

A União Soviética foi para a final contra o Japão e conseguiu o ouro (3 a 1). Nós fomos para a disputa do bronze e não demos chance para a Bulgária: 3 a 0, com parciais de 15-10, 15-4 e 15-2. Estávamos no pódio em uma competição mundial e a equipe campeã foi a que vencemos no primeiro jogo. Doeu vê-los chegar ao ouro.

Para mim, o dia ainda teve um sabor especial a mais. No meio das feras, anunciaram no ginásio ainda o melhor sacador do campeonato. Além de ter saído com a medalha de bronze do mundial juvenil, ainda tive a felicidade de ter sido escolhido como o melhor sacador do mundial juvenil.

CAPÍTULO IX
O PASSO PARA O DEGRAU MAIS ALTO

Em 1992, eu defendia o Milan. Era um dos maiores clubes de voleibol do mundo. E eu tinha o *status* de campeão olímpico. Mas havia me machucado e apressei a minha volta de forma imprudente porque queria mostrar serviço. Os jornais me criticavam por eu ser estrangeiro. O frio era opressor. Eu me sentia terrivelmente sozinho.

A gente tem que se sentir antes de tudo feliz no nosso ambiente de trabalho. Isso é muito mais importante do que a parte financeira — que também é fundamental, claro, mas não vai resolver se você estiver mal. Sem se sentir inteiro no que está fazendo, a coisa não funciona. E eu não conseguia me adaptar à equipe, à cidade e à vida que eu estava levando.

Um dia, perdemos um jogo para um time cúneo em que havia um jogador búlgaro, Lyubomir Ganev, com um contrato de patrocínio no qual cada *ace* que ele fazia ganhava mais grana. Ele sacou muito forte, claro, e acabou com a gente. Aquela derrota me deixou particularmente chateado.

E vejam como a coisa funciona quando você está para baixo. No ônibus, voltando para Milão, passamos por uma região incrível; a vista era linda. E aquilo me deixou ainda mais oprimido.

Eu estava tenebrosamente triste. Olhei para fora do ônibus, vi a neve no topo das montanhas e pensei comigo: "Putz, a vida é tão bacana; esse lugar é lindo e eu não estou conseguindo ver graça."

Comecei a me emocionar e o Luchetta, campeão mundial em 1990 no Brasil, um tremendo craque que jogou três Olimpíadas pela Itália, veio se sentar perto de mim. "Tande, o que foi?" Respondi: "Cara, estou triste, eu estou quase cancelando o contrato. Acho que não estou sendo produtivo para a equipe. Eu acho que estaria em outro momento no Brasil, curtindo mais."

Ele me respondeu: "Não, cara, não pensa assim. Você é importante para a equipe. Eu confio em você. Eu sei do que você é capaz; acabou de ser campeão olímpico." Chegou mais gente para me incentivar, me dar uma força. Eu não falava italiano com tanta fluência e isso me deixava um pouco acuado, meio acanhado no convívio com os companheiros de equipe, mas aquela demonstração de empatia já fez com que eu me sentisse menos sozinho.

Então, fomos disputar o Campeonato Mundial de Clubes. Vencemos vários jogos. Encontramos o Ravena, que era a equipe do meu amigo de longa data Giovane, um tremendo timaço. Vencemos. E assim fomos até a final, contra os donos da casa, o Treviso.

Com o ginásio lotado, todo mundo gritando o nome do adversário, aquela atmosfera de apoio todo, o negócio não estava bom para o nosso lado. Mas tínhamos muita qualidade e chegamos ao quarto set, 2 a 2 no placar. *Tie break.*

Eu me sentia feliz como nunca tinha me sentido desde que havia chegado na Itália. Estava jogando solto, atacando bolas difíceis, recuperando a confiança. E me veio uma vontade danada de ganhar aquele jogo, a vontade de vencer que eu sempre tive.

Fomos para o vestiário antes do *tie break* e a torcida lá fora gritando "Treviso! Treviso!"

Aí, me deu uma loucura e comecei a gritar com todo mundo, vibrar, pedir que eles acreditassem que poderíamos conseguir a vitória. Misturei portunhol, italiano, fiz uma grande salada: "Chegamos até aqui. Acreditem! Ninguém vai tirar esse título de nós! Nós vamos ganhar essa porra!"

Uma semana antes, eu estava triste, no fundo do ônibus, querendo voltar para o Brasil. Naquele momento, estava ali naquela vibração, tentando passar energia para os companheiros. Eles ficaram assustadíssimos. Não conheciam aquele Tande. Mas aceitaram, reagiram bem.

Resultado: voltamos para a quadra, joguei muito no *tie break* e o Milan foi campeão do mundo.

Subimos para o lugar mais alto do pódio. Para completar, fui eleito o melhor passador do campeonato. Na hora da premiação, o ginásio inteiro gritou meu nome por longos minutos. Eu me senti acolhido.

No dia seguinte, o jornal *Corriere della Sera*, que já havia até publicado que eu só tinha ido à Itália para ganhar dinheiro e não para jogar voleibol, disse que eu tinha voltado a jogar, me chamou de *Lione da Milano*. Aí, virei um dos líderes do time.

Eu sempre tive comigo essa vocação para assumir responsabilidades. Sou o cara que vai pedir bola no fim do jogo. Desde o mirim. Quando o ginásio estava lotado, quando o jogo era mais importante, aí sim é que eu gostava de chamar o jogo para mim. Como hoje me sinto feliz e motivado ao ver as pessoas nas palestras interessadas nas coisas que eu tento passar.

Eu gostava, pedia a bola, vibrava, chamava a torcida... sempre foi essa a minha maneira de agir dentro e fora da quadra. E isso me fez naturalmente uma das lideranças em todas as equipes por que passei.

Na seleção que estava se formando e iria chegar a 1992, eu era um dos líderes, ao lado do Dentinho, que era o levantador, do Giovane e do Anjinho, que era um cara ótimo. Ele era muito agregador, dava muita importância a essa coisa da união da equipe, de formar um grupo unido em torno do mesmo objetivo, o que é absolutamente indispensável para atingir o topo do pódio.

Liderança não é uma coisa que se aprende. O que se pode fazer é perceber a vocação e aprimorar os aspectos capazes de fazer das pessoas líderes em seus diversos meios, em especial no trabalho. Dentro de qualquer grupo, a liderança aparece de forma natural. A minha qualidade de líder vinha da vibração, da garra que eu tenho como característica natural.

Se você rememorar todas as equipes vencedoras, vai ver alguns líderes surpreendentes. Muitas vezes, a liderança nem chega a ter uma relação tão direta com a qualidade técnica do jogador, embora isso também conte bastante. Veja o caso do Dunga no futebol. Ele era o líder daquela seleção brasileira campeã de 1994. O Romário era o grande craque, com uma sensibilidade para o jogo impressionante, e também exercia papel de liderança. Mas o Dunga, que era inclusive colega de quarto do Baixinho — e não foi posto nessa posição de forma aleatória —, era o sujeito que tinha mais voz de comando em campo.

Eu tinha na quadra uma forma de liderar que era baseada na capacidade de emitir as boas vibrações, de canalizar energia e de conseguir passar isso para os colegas, fazer com que todos estivessem sempre motivados na busca da vitória. E fazia isso sempre com brincadeiras, rindo, sem provocar antagonismos.

Eu queria sempre vencer. Chamava a torcida para jogar junto e gostava muito de tentar tirar o melhor dos meus amigos. E cobrava. Eu cobrava muito, mas era aquilo que eu sabia que eles poderiam dar para o grupo, assim como, se fosse o caso, eu aceitava ser cobrado.

No meu modo de ver as coisas, em ambiente de trabalho em equipe ninguém deve se melindrar com cobranças, muito pelo contrário. Se são feitas com boas intenções, na busca do melhor resultado, as cobranças são sempre bem-vindas. Elas fazem parte da dinâmica necessária para que um projeto tenha êxito.

Eu cobrava muito porque queria sempre vencer. E porque não dá para se contentar com os louros da fama da conquista de ontem. O jogo é hoje! O esporte ensina para o mundo corporativo, para a nossa vida diária, que um dia você pode sair do pódio como campeão, mas no dia seguinte tem expediente e um novo desafio. No vôlei, acaba um e já vem outro jogo, outro campeonato. É preciso saber navegar com a maré, de acordo com o momento que se está vivendo. Um dia você é o herói, mas se cochilar pode ser o lobo mau da história. Errar o bloqueio, perder a venda, é tudo igual... Eu já perdi um ataque, tomei um bloqueio que tirou a seleção da final de uma Liga Mundial (Itália). Fiquei com aquilo travado na garganta por muito tempo. Se eu tivesse virado a bola, teria sido um título de nível mundial. Mas isso acontece. Quem está na chuva é para se molhar.

O importante é tentar se manter à altura da responsabilidade que a vida lhe dá. Se você vai conseguir ou não, é outra história; depende de vários fatores. Mas devemos buscar sempre o topo. No esporte de alto rendimento, ou você cobra de si mesmo essa atitude de forma permanente ou fica para trás.

No mundo corporativo, não tem nada de diferente. Se você atinge novos patamares dentro de uma organização, a sua responsabilidade vai aumentar e as cobranças vão na mesma direção. As exigências crescem à medida da importância do cargo que se ocupa. Não há outra saída a não ser buscar a excelência o tempo inteiro.

Cobrar era o que os jornais italianos faziam comigo. O fato de eu ser estrangeiro contava muito também. Mas claro que eu deveria ser mesmo cobrado. Afinal, eu tinha me tornado campeão olímpico. Não há patamar mais alto do que esse para um atleta. E dói quando você é cobrado dessa forma e sabe que está devendo. Porque, se a gente pode e deve cobrar quem está trabalhando ao nosso lado, a cobrança que fazemos a nós mesmos deve ser em dobro. Claro que, quando isso se torna excessivo, deixa de ser saudável. Mas é preciso se cobrar. Quando você se cobra um melhor desempenho, é porque está em dívida consigo mesmo. E quando você paga essa dívida, a recompensa vem em dobro. Vai estar mais satisfeito de ser quem você é e grato ao universo.

Os grandes caras, os melhores jogadores, aparecem nas horas de maior cobrança. Eles não se escondem, não se melindram, não ficam "chatiados". Pelo contrário. Têm a humildade necessária para entender que a crítica não vem da vontade do outro de jogá-lo para baixo, de sacaneá-lo. Aqueles que não aceitam a crítica têm muita dificuldade de enxergar suas próprias falhas e limitações. O nome disso é falta de humildade, é incapacidade de se olhar para si mesmo. Na seleção juvenil, um chamava a atenção do outro e o que a gente sentia é que estava todo mundo junto, tentando ajudar a equipe a crescer e dando duro por nossos objetivos.

Um dos objetivos tinha sido alcançado ali na Grécia. O lado bom de conquistar a medalha de bronze é que você termina o campeonato com uma vitória. Tínhamos feito um 3 a 0 sobre a Bulgária e jogado muito bem. O último set do campeonato ganhamos com um acachapante 15 a 2.

Eu já fazia o saque "viagem", que vem de "viagem ao fundo do mar". Para quem não é do vôlei, é um saque em que você pula no ar e corta, batendo a bola forte, como se estivesse atacando na rede.

Mas, nas quadras, esse saque tinha sido inventado pela Geração de Prata, com caras como Montanaro, William e Renan.

O Bebeto os viu treinando ataques cada vez mais longe da rede depois que acabava a parte "oficial" do treino e sugeriu que eles tentassem usar aquilo como saque. Quando fizeram isso, como diz o José Roberto Guimarães, eles transformaram a história de um fundamento do vôlei, o que levou a mudanças em toda a estrutura do jogo.

Nos Jogos Olímpicos de 1984, eles surpreenderam os americanos com aquela agressividade no saque, coisa que nunca tinha havido na história da modalidade. Complicaram a recepção dos caras e ganharam de 3 a 0 aquele jogo, contra a seleção que depois se sagraria campeã olímpica.

Sacando o "viagem", fui eleito o melhor sacador do Mundial. E quem estava assistindo ao jogo era o treinador da seleção adulta, o Bebeto de Freitas. A Geração de Prata tinha deixado a seleção e o Bebeto ficou com um time mais jovem. Eram Carlão, Betinho, Maurício, caras que estavam entre a Geração de Prata e nós, que ainda éramos juvenis. Carlão é cinco anos mais velho do que eu; o Maurício é dois. Eles se tornaram a base daquela seleção, com a saída da turma que ganhou a medalha de prata em 1984 e foi quarto lugar na Olimpíada de 1988, nas quais o Bebeto reassumiu o time em cima da hora, depois de uma crise enorme entre o técnico anterior, o coreano Young Wan Sohn, e os atletas.

Para suprir a ausência dos veteranos e começar um processo de renovação, Bebeto foi a Atenas ver quem ele poderia aproveitar da equipe juvenil. A gente não sabia de nada sobre essa intenção. Só vimos o Bebeto e o Jorjão conversando. Então, eles nos chamaram: eu, Giovane e Janelson. Aqueles caras eram nossos ídolos, dois dos mais importantes técnicos da história do esporte brasileiro. "Vocês vão com o Bebeto", disse o Jorjão. "Agora, vocês vão para a seleção adulta. Vão sair daqui direto para os Estados Unidos e vão ficar o mês todo lá. A Copa USA."

Nós arregalamos o olho, mas mantivemos a postura. O Bebeto, sempre muito sério, agradeceu. "Obrigado por podermos contar com vocês. Continuem nessa caminhada, porque isso é o começo de tudo."

Agradecemos, saímos e, quando sumimos do raio de visão deles, gritamos, nos abraçamos, comemoramos como um campeonato. A gente estava na seleção adulta. Estava difícil de acreditar.

Meus pais, a essa altura, já tinham visto que, assim como minha irmã, o vôlei poderia me dar um caminho para o futuro. Mas eles tinham uma preocupação: o estudo. Meu pai foi professor no Exército, para ele essa era uma questão importante. Já a minha mãe, era ainda mais preocupada com meus estudos, queria sempre me ver com um livro na mão. Então, eles não queriam que eu parasse de estudar. Tinham sempre essa preocupação, queriam me ver envolvido com a leitura.

Por sorte, frequentei uma escola que foi muito bacana comigo e todos entendiam quando eu precisava me ausentar para as viagens. Seria necessário que, no Brasil, mais escolas agissem com essa flexibilidade de horários e de exigências de frequência para não tolher o surgimento de novos atletas. É preciso jogar junto com os atletas para que eles possam evoluir. Não é legal que alguém seja obrigado a optar entre a carreira esportiva e a formação acadêmica.

É algo, aliás, que chama muito a minha atenção. No Brasil, o esporte não é visto, em especial pelos políticos, como ferramenta de transformação. Isso é um problema muito sério, porque essa dimensão do esporte não é levada em conta, por exemplo, quando se fala em políticas públicas na área de segurança. Em países europeus e nos Estados Unidos, a visão sobre o esporte é muito mais ampla. Nesses países, vi muitas pessoas fazendo faculdade e se formando, ao mesmo tempo que se desenvolviam como atletas. Esse modelo possibilita a formação de cidadãos mais conscientes, com mais noção de responsabilidade e comprometimento com a sociedade. A prática esportiva deveria, no meu modo de ver, ser considerada uma parte indissociável, um complemento necessário da educação formal.

Eu demorei, mas acabei engrenando na escola. Mas, no meu caso, o esporte, mesmo quando não era ainda uma carreira a seguir na vida, já tinha me ajudado a ficar longe das drogas, a saber cuidar de mim mesmo, a ter compromissos... Esse é um aprendizado que pode formar cidadãos. Por meio do esporte, o Estado e as pessoas que querem trabalhar pelo social conseguem acessar áreas difíceis das cidades. Em algumas comunidades existem projetos sociais com que o chamado "poder paralelo" não se envolve. Nesses lugares, os pais — e até os próprios traficantes — não querem que os filhos estejam no outro caminho. E o caminho do esporte ajuda a trazer perspectivas.

Naquele momento, por mais que a coisa estivesse ficando séria nas quadras — afinal, eu tinha saído do Mundial como o melhor sacador do torneio e estava na seleção adulta, aos 18 anos —, eu tentava levar adiante como podia os estudos.

Então, embarcamos para os Estados Unidos. Fizemos conexão em Roma e nos encontramos lá com a turma que já vinha jogando junto havia um tempo. E aí chegamos nós três, os garotos, para completar o elenco. É claro que viramos alvo de muitos trotes. Nos treinos, os saques eram sempre em cima da gente. E como tínhamos que carregar aquelas bolas de treino todas numa viagem, adivinhem para quem sobrava?

O Bebeto me encarregou especificamente de uma tarefa para a qual eu não tinha treinado: carregar a filmadora. Esse equipamento tinha uma função estratégica importante, porque, com base na filmagem do jogo, analisávamos os erros e acertos de posicionamento, traçávamos estratégias, combinávamos jogadas... Era a base de todo o esquema do Bebeto na preparação para os jogos.

Eu reclamei da função: "Poxa, Bebeto, tenho medo de perder." "Não quero nem saber; a responsabilidade é sua", foi a resposta. "O Giovane e o Janelson levam as bolas." Era duro ser juvenil no meio dos adultos. Glamour zero!

Pois bem. Estávamos no aeroporto, em San Francisco. Coloquei a câmera de lado e comecei a bater papo, naquela animação típica do cara de 18 anos que quer se entrosar logo com o pessoal mais veterano.

Daí a pouco, a gente se levanta para ir para a área de embarque e, assim que entro no avião, percebo que estou sem a tal da filmadora.

Desespero! Eu grito: "Bebeeeeto!" Todo mundo me olha e eu só repito, gritando, para a tripulação: "My camera! No! No!" O Bebeto chega e me pergunta o que houve. Eu digo: "Não falei que não era para ficar comigo?"

A filmadora era usada para fazer as estatísticas da seleção. Quem sacava o quê, quem recepcionava quantas bolas, para que lado iam os ataques, qual era a melhor formação do bloqueio... Eu estava ferrando o trabalho do Bebeto e da comissão técnica.

"Voltem aí, *please*", implorei para a tripulação. Acho que a minha cara de desespero foi tão digna de piedade que consegui fazer com que interrompessem os procedimentos prévios à decolagem. Eles abriram a porta e voltei correndo à área de embarque.

Recuperei a câmera, mas a função de carregá-la foi passada definitivamente para outro dos garotos. Passei a levar bolas, camisas... tudo, menos a câmera.

O grupo era espetacular. Claro que eles brincavam conosco por sermos mais novos, aquela sacanagem habitual e saudável que existe em todas as equipes. Mas era tudo feito com muito respeito. O líder era o Carlão, que já estava na seleção desde 1985 e tinha passado por toda a crise que envolveu o Young Wan Sohn e caras da Geração de Prata. Agora, nessa nova fase com o Bebeto, ele era o elo entre as duas gerações, o mais experiente do grupo, junto com o Domingos Maracanã e Paulo Roese. O Maraca era o pior nas brincadeiras. "Pega a bola lá pra mim, menino." E eu ia. Fazer o quê?

Mas, quando começou o torneio, fui escalado como titular e o Giovane também, e todo mundo deu força. Vir do juvenil e conseguir uma vaga no sexteto que começa as partidas representava uma grande vitória para a gente. Era uma equipe em início de trabalho, em processo de remontagem. Mas demos conta do recado. Começamos a vencer.

O que fazia diferença é que nós três estávamos com a corda toda. Vínhamos do Mundial Juvenil e éramos muito jovens para sentir cansaço diante daquela oportunidade. Sabíamos que era uma chance que poucos jogadores conseguem ter e não queríamos decepcionar.

Do nosso lado e do outro lado da rede, estávamos diante dos ídolos que, nos nossos primórdios no vôlei, foram aquilo que queríamos ser quando crescêssemos. Caras como o Karch Kiraly, que era, até então, o único jogador da modalidade que havia ganhado medalhas de ouro olímpicas tanto na quadra (1984 e 1988), quanto na praia (1996). E eu estava ali, jogando contra o cara. Demos trabalho. Perdemos de 3 a 1, mas sem facilitar para os americanos. Eles ganharam aquele torneio pela sexta vez consecutiva, vencendo a União Soviética, que tinha se tornado freguesa. A final foi marcada pela aposentadoria, nas quadras, do Kiraly e do Timmons da seleção americana, os caras que tinham liderado os americanos nas duas medalhas olímpicas. E nós estávamos chegando.

Batemos a Coreia do Sul por 3 a 1 e ficamos com a medalha de bronze.

Joguei bem o campeonato inteiro e fomos para o pódio, em pleno ginásio do Los Angeles Lakers, seleção principal. Tudo era gigantesco para mim, e eu com meu inglês meio fraco ainda. Então, começa o anúncio dos campeões. Brasil, terceiro lugar. Palmas... União Soviética, segundo... palmas protocolares. Campeões: USA! E aquele estádio todo começa a gritar em uníssono: "U-S-A, U-S-A." E eu maravilhado com aquela coisa enorme.

Então começam a anunciar os melhores jogadores do campeonato, e aí vem: "Melhor atacante: Alexandre Samuel." Eu olho para o lado e falo: "Pô, mas esse aí é meu nome!"

E o pessoal: "Claro, cara, vai lá, você ganhou. Você foi o melhor." E lá fui eu, do lado do Kiraly, do Timmons... "Caramba! Não estou acreditando. Meu primeiro torneio..."

Eu e os outros garotos não tivemos tempo para ter noção do tamanho da coisa em que estávamos entrando. O mundo era outro e a gente tinha uma experiência internacional muito limitada ainda. O Bebeto e o Jorjão é que cuidavam da gente. Nos Estados Unidos, eu e Giovane éramos dois iniciantes na seleção treinando feito uns loucos, querendo abrir um espaço. Mas nas horas vagas, éramos como outros adolescentes: curtindo o fast-food, comprando bonezinho do Los Angeles Lakers, óculos transados... Lembro que no hotel em São Francisco eu não encontrava o interruptor de luz no banheiro de jeito nenhum. Pensei que talvez ele estivesse do lado de fora. E estava mesmo. Então, o "carioca esperto" resolveu pregar uma peça no amigo. Chamei o Giovane e disse: "Cara, esses americanos são incríveis. Você põe o pé no banheiro e a luz acende sozinha. É só sair que ela apaga." Discretamente, fiquei acendendo e apagando a luz enquanto ele testava: "Meu Deus, que coisa mais louca, esses americanos são impressionantes!" Ainda admirado com aquele avanço todo, ele resolveu ir tomar banho. Já eu fui ver TV e me esqueci dele. Depois de um tempo, comecei a ver por um espelho do quarto o Gigio saindo do banheiro e olhando para trás, esperando a luz apagar, mas ela continuava acesa. Aí ele voltava e saía de novo. Nada. Até que gritou de lá: "Acho que isso aqui quebrou, rapaz; acho que quebrou a luz do banheiro!" Só então contei que o interruptor ficava do lado de fora.

Era um lado da adolescência que, como todo mundo, precisávamos. Afinal, estávamos investindo grande parte da nossa adolescência em compromissos, treinos, cobranças... Meus amigos volta e meia ligavam e perguntavam: "Como está aí?", imaginando, claro, uma vida cheia de glamour, com as viagens ao exterior que estavam se tornando constantes. Quando eu descrevia a rotina, era uma decepção. Eles, que não tinham que se dedicar ao esporte no nível em que eu tinha chegado, contavam da praia, das festas, dos shows a que foram.

O esporte de alto rendimento cobra muito do seu tempo e faz você pular etapas do seu desenvolvimento. Você precisa ter um nível de equilíbrio emocional e uma boa base da família para conseguir lidar com isso de forma positiva.

CAPÍTULO X
CICLO OLÍMPICO

Com 18 anos, comprei o meu primeiro carro. Estava em Brasília. Jogava na AABB, mas já me preparava para me transferir para o Banespa, que estava montando um supertime na época.

Entrei na concessionária de short branco, apontei para um carro que eu já sabia que queria e disse para o vendedor: "Quero aquele ali". O vendedor, claro, riu. Brincou: "Você quer o quê? Dar uma voltinha?"

Respondi que sim, gostaria de dar uma voltinha. E ele ficou olhando para aquele moleque, pensando que era um playboyzinho de Brasília que iria fazê-lo perder tempo e não iria, claro, comprar nada. Ele perguntou, completamente sem paciência: "Quem vai pagar pelo carro?" Respondi que seria eu mesmo.

Eu tinha recebido naquele dia um dos meus primeiros salários como profissional. Entrei no carro, liguei e disse: "Vou querer levar." Ele respondeu, ainda ressabiado: "Posso falar com o seu pai?"

Dei o telefone. Tinha 18 anos, poderia até ter dito que não precisava, mas nem pensei nisso, achei meio normal. Ele ligou, se identificou como vendedor da concessionária e pediu autorização para o meu pai antes de fazer a venda. Então, meu pai disse: "Pode liberar, sim." E pediu para que o processo fosse rápido, porque eu teria treino. Ele explicou que eu jogava vôlei na AABB etc. Saí de carro da concessionária, feliz da vida. Na primeira semana, fui a um show em Brasília no meu próprio carro. Um marco!

O esporte te dá essa possibilidade de realização financeira quando você ainda é muito novo. É algo com que você tem que saber lidar para não perder o prumo. E nesse momento, com 18 anos, eu estava dando um salto ainda maior ao assinar contrato com o Banespa. A equipe juntou uma constelação forte, com jogadores de diferentes gerações: Marcelo Negrão, Maurício e Giovane, que já estava lá, foram contratados junto comigo. E ainda havia o Montanaro, o Léo e o Amauri, caras fundamentais na minha formação.

O Amauri, medalhista em 1984, tinha muita experiência e jogava com uma tranquilidade impressionante. Um cara extremamente *relax*, que para mim foi um dos grandes mestres na forma de se portar em quadra, apesar de termos jeitos completamente diferentes. Às vezes, ele deixava a gente treinando e parava para tomar um café no bar do clube, então, voltava tranquilo para a quadra. E fazia tudo com um alto nível de qualidade. Ele e o Monta foram fundamentais para o nosso crescimento como atletas e como homens.

O Montanaro era aquele cara que conversava com o time até sobre o lado de fora da quadra, nos preparando para a vida. Eu me lembro dele dando conselhos: "Vocês vão ter condições, dinheiro, recursos para ter mais de um carro, moram sozinhos em São Paulo. Comecem logo a construir seu patrimônio, não gastem com besteira. Não dura para sempre. Vão apresentar a vocês às drogas. Não entrem nessa roubada." Quando ganhamos a Liga Mundial, no Ibirapuera, em 1993, primeiro título do Brasil nessa competição, fiz questão de escalar a arquibancada para ir lá dar um abraço nele.

A fórmula do sucesso consiste em você ter um compromisso com você mesmo, assumir a obrigação de se preparar para os desafios que a vida vai apresentar. É uma coisa a que o Bernardinho sempre se refere: a vontade de se preparar bem tem que ser ainda maior do que a vontade de vencer. Esse compromisso assumi muito cedo, mas sem planejar. Quando comecei a ser convocado para a seleção, não queria provar nada a ninguém, queria me desenvolver e jogar o meu voleibol. Foi o que consegui. E assim as coisas foram acontecendo. Se você anda no caminho certo, se corrige a rota a tempo quando se desvia, as coisas tendem a dar certo.

Aliás, em relação à seleção, nós, os mais jovens, tínhamos a expectativa de que os jogadores da Geração de Prata voltariam, os nossos ídolos, e que se misturariam com a gente. E não temíamos; desejávamos isso. Porque o respeito e o carinho que tínhamos por eles era enorme. Tínhamos crescido vendo-os em quadra e agora eram amigos queridos que jogavam conosco ou contra nós nos clubes. E foram fundamentais para o nosso sucesso. E até o que tinha dado errado para eles era a base para que as coisas dessem certo para a gente. Porque eles chegavam e diziam: "Não vai por aí; a gente acabou se desentendendo por conta disso. Não deixa a vaidade entrar e dominar o grupo..."

Isso nos foi dito por caras como o Montanaro, o Amauri, o Léo. E realmente ajudou muito para que a gente mantivesse os pés no chão no momento de sucesso da nossa geração. E mesmo assim, lá na frente, a gente acabaria titubeando e caindo no mesmo erro que acomete tantas equipes.

Hoje, um Campeonato Sul-Americano de Vôlei pode não parecer uma coisa tão importante, mas, em 1989, foi decisivo para aquele time que estava se formando. Era uma espécie de passagem de bastão. Se na USA Cup tínhamos sido convocados um pouco no susto para cobrir uma carência daquele momento específico, aquele torneio poderia ser a nossa afirmação.

Teoricamente, a Argentina estava melhor do que a gente. Era uma equipe muito experiente, com grandes jogadores, e que tinha, um ano antes, conquistado a medalha de bronze nos Jogos Olímpicos de Seul. Eles tinham enfrentado muitas vezes o time da Geração de Prata. Para nós, enfrentar aqueles caras, muito altos e muito talentosos, teria que ser na base da superação. Naquele momento da formação de um novo time, se ganhássemos a prata, provavelmente sairíamos do torneio satisfeitos.

Mas a gente jogava em casa; o torneio foi em Curitiba. Começamos o campeonato — eu no banco, o Giovane como titular — e fomos ganhando de quem aparecia na nossa frente. A Argentina, em sua chave, jogando relaxada. Acho que eles pensavam: "Ah, eles estão vindo com jogadores novos. Não estão prontos para conquistar títulos ainda."

Se a gente pensar, olhando para trás, a história daquela seleção poderia ter sido outra se não tivéssemos ganhado da Argentina. Mas nós conseguimos vencer. A expectativa antes da partida para nós foi enorme. E o time jogou muito bem. Eu entrei duas vezes e, no final, conseguimos superar os argentinos por 3 a 2.

Aquela vitória foi fundamental para aquele grupo, com o Maurício levantando, o Carlão como capitão, com Janelson, Giovane e eu vindos do juvenil. A partir daquela semana em Curitiba, me senti, definitivamente, como um jogador da seleção principal.

E aí, a Confederação também jogou as suas fichas. O ano de 1990 era de Mundial de Seleções, a competição mais importante do calendário do voleibol — tirando a Olimpíada, claro. Seria a prova de fogo, que poderia definir realmente o que se poderia esperar daquele grupo.

E a preparação foi a melhor que poderia existir. O Bebeto de Freitas e o Jorjão Barros, que comandavam a comissão técnica, nos trouxeram para o Rio e fomos para Teresópolis. Ficamos internados seis meses na Granja Comary.

Foi nesse momento que quase fui cortado da seleção por conta da tendinite. Na verdade, nem por causa da tendinite, mas pelo fato de ter tentado me poupar dos treinos e de não ter sido transparente com o Bebeto e o Jorjão, meus líderes.

Não é fácil ocultar a verdade, sobretudo para quem tem mais experiência do que você e está acostumado a lidar com o ser humano, como eles estavam. Eram caras que tinham um grande domínio da complexidade das relações dentro de uma equipe e sabiam como lidar com isso. A lição a aprender é que a transparência — o papo reto — é capaz de criar um elo de confiança positivo e vantajoso para todos os lados. Foi o que aprendi naquele episódio, que poderia ter mudado o meu destino na seleção, no meu trabalho e na minha vida.

Como acontece com profissionais de todas as áreas, não foram poucos os atletas do voleibol com quem convivi que desperdiçaram oportunidades, que não chegaram até onde poderiam pela forma como agiam diante do grupo e como se relacionavam com a liderança.

A união da equipe e a confiança nos líderes se tornaram muito sólidas naqueles seis meses de treinamento intenso. Não tem outra forma de trabalhar um grupo que não seja essa. É só ver o exemplo da seleção brasileira na Copa de 1970. O talento reunido ali era excepcional. Mas isso era e ainda é uma constante nas Seleções Brasileiras de futebol. Mas ali houve um trabalho científico de preparação física, treinos, adaptação à altitude, processos que nunca antes o futebol brasileiro tinha visto, com uma equipe técnica extremamente profissional. Ou seja, aliou-se talento e a ciência do esporte na busca do alto desempenho.

Lá em Teresópolis, tivemos tranquilidade. E alguns momentos bacanas na instação da seleção de futebol, ídolos nossos. Tinha uma peladinha de futebol de vez em quando...

Aqueles dias de treino foram também, e novamente, uma volta à base de tudo, porque trabalhávamos muito o fundamento. Saque, ataque, bloqueio, tudo repetido centenas e centenas de vezes até o seu corpo aprender a fazer quase de forma automática os movimentos. Era o exercício de disciplinar o corpo. Não custa repetir: a gente tem que voltar sempre às bases, reaprender, reconstruir o jogo...

E lembro que, durante o Mundial, tivemos um jogo que todos considerávamos extremamente difícil, contra a França. A gente estava com a nova geração na quadra. Eu, Marcelo Negrão, Giovane, Cidão, Jorge Edson, Janelson, Paulão, Pompeu, Pampa, Betinho, além do Carlão e do Maurício, os elos com a turma anterior.

E aí, ali no jogo, torcida a nosso favor, um clima sensacional, o Maurício me levanta uma bola que vai muito rápido e passa um pouco da antena, na lateral da rede. Um cara enorme estava no bloqueio. Eu tinha treinado em Teresópolis bater com a esquerda, mas talvez nunca tivesse batido com a esquerda durante um jogo. E aí, naquela hora: "Caramba, sobrou na esquerda, o que eu faço?"

Claro que não deu tempo de pensar nada disso. Foi o corpo que pensou. Eu só subi e bati na bola com a canhota. Foi certeira. Ainda bateu na cabeça do Chambertin, o levantador francês, o que não era minha intenção, claro, antes de cair.

Lembro que pensei naquela hora: "Cara, como fiz isso? Que legal, olha a importância da escolinha, da base, do que a gente fez em Teresópolis." E senti que o meu jogo e o de todos ali estavam crescendo. E aí a confiança vai lá em cima.

Como é importante a gente estar preparado para o que a vida, o nosso trabalho, vai oferecer e exigir da gente! As oportunidades às vezes aparecem na sua frente. Não tem hora certa para isso. Quando você menos espera, é obrigado a tomar uma decisão. Você tem que dar conta, tem que decidir o caminho a seguir, e nem sempre vai ter muito tempo para isso.

Naquele menos de um segundo, eu tive que decidir o que fazer, ir atrás da bola. Mas fiz isso praticamente com tranquilidade, porque estava ancorado naquele retorno aos movimentos básicos. Eu sabia o que fazer. A base me deu a capacitação para acreditar que eu poderia agir com a precisão necessária no momento de improvisar um movimento, tentar uma jogada fora do padrão habitual. Era um recurso que eu não usava porque nem sequer sabia que ele existia. Ali, naquele jogo, eu percebi claramente a importância do treinamento. E aprendi de uma vez por todas. Foi uma lição para toda a vida. Ganhamos por 3 a 0 da França, que saiu do campeonato e nós fomos para a semifinal contra a Itália.

Os italianos, naquele momento, eram os francos favoritos. Eles tinham realmente um timaço: Cantagalli, Tofoli, Gardini, Lucchetta, Zorzi, Galli, Giani, todos sob o comando de um grande técnico argentino, o Julio Velasco… E a gente tendo que jogar sob uma pressão forte, com o Maracanãzinho lotado e todo mundo na expectativa para saber como se comportaria aquele time novo que estava aparecendo.

Nós jogamos bem. O fator casa não foi problema. Tínhamos uma comissão técnica experiente, muito experiente; Carlão, que tinha jogado a Olimpíada de Seul, em 1988; Maurício, que tinha sido reserva em Seul; Sidão. O time tinha uma mistura da juventude com os jogadores mais experientes. E aí começa o jogo, 1 a 0, 1 a 1, 2 a 1 Itália, 2 a 2, aquela troca, jogo parelho até chegar nos 2 a 2. Aí fomos para o *tie break* com a pressão no máximo. O jogo continua difícil, lá e cá. Nós perdemos no detalhe, por 15 a 13. Ninguém ficou feliz, mas todo mundo sabia que o time tinha jogado muita bola e posto uma grande pressão para cima da Itália, que acabaria campeã, vencendo Cuba até com mais facilidade (3 a 1). O estádio ovacionou a gente. E aquilo foi importante para que começássemos a nos ver de uma forma diferente. Nós começamos a ter um sentimento de mais responsabilidade, inclusive com a torcida, e ao mesmo tempo o aumento da autoconfiança, a sensação de que podíamos almejar conquistas lá na frente. Isso é o que podemos chamar de maturidade: perceber o que significa a sua posição e como você faz parte de um todo, de uma construção que pode cair se você não fizer a sua parte, e, por outro lado, ter a convicção de que está preparado e a ambição de se superar para dar conta do seu papel. É pedir a bola e botá-la no chão. Saber que é capaz porque você se preparou seis meses para aquele momento decisivo, que chega da forma que você menos espera.

Mas não vamos contar só a vitória. Aprender a se preparar não foi uma lição que consegui absorver de forma tão fácil assim. A verdade, já admiti, é que, quando comecei minha vida de atleta, eu não gostava de treinos físicos de jeito nenhum. Eu contava com a minha facilidade de bater na bola, enfim, com meu talento. E no modo de ver o jogo daquele garoto, o treino físico era meio uma perda de tempo e um esforço exagerado que os treinadores nos mandavam fazer para nos castigar, mostrar quem mandava... Era alguma coisa assim que eu pensava, de modo não muito articulado.

Quando eu estava no mirim, fui convocado para uma seleção carioca, para jogar um campeonato nacional de seleções. Eu iria jogar no infantil, para jogadores nascidos em 1969, e eu, nascido em 1970, levava uma desvantagem.

Nos treinos, o foco era muito na parte física. Nas Laranjeiras, no estádio do Fluminense, nos colocavam para subir e descer a arquibancada cinco, dez vezes, uns degraus enormes. Eu subia e esperava o pessoal descer e subir de novo. Só então eu descia, contabilizando duas idas e vindas quando na verdade só tinha feito uma. E assim ia enganando, com o físico bem magrelo que eu tinha na época. E tinha a coisa da corrida no Aterro. A gente saía do Mourisco e ia até o aeroporto Santos Dumont e voltava — um trajeto de 11 quilômetros.

A paisagem é linda, com o Pão de Açúcar acompanhando o trajeto, mas o sol do Rio é inclemente. E os caras mais velhos que eu e que já levavam o treino mais a sério disparavam na minha frente. Então, teve um dia em que eu ainda estava indo quando os caras começaram a passar por mim voltando. E eu ali, suando. Senti que minha perna começava a tremer e aí olhei para trás e pensei: "Nossa, ainda nem cheguei no aeroporto e vou ter que correr de volta tudo isso?" Bateu um desespero completo e pensei: "Cara! O que eu vou fazer agora?" E aí vi um ônibus chegando no ponto do outro lado da pista bem naquela hora.

Não deu para resistir. Mudei o rumo da corrida e corri para o ponto. Deu tempo de pegar o ônibus de volta para Botafogo. A ideia era chegar ainda suando na sede do Botafogo, no Mourisco. Só que quando eu estava correndo para sair do ponto de ônibus, já avistei o técnico me olhando. Eu tinha sido dedurado.

"Bonito, hein!", foi a primeira coisa que ele me disse. Fui cortado, depois de três meses de treino sofrido. Pensei comigo: "Puxa, ser cortado agora, quase embarcando. Não quero mais isso, não." Foi um baque forte para mim, mas eu ainda era novo demais para aprender.

Quando eu já estava no Banespa, ainda tentava fugir do treino. A gente jogava no sábado. Aí eu viajava para Brasília para ver a namorada. Passava o domingo com ela, e na segunda tinha que voltar cedo para São Paulo, porque teria treino à tarde. Essa volta, para mim, era o inferno. Aí, ligava para o técnico Josenildo Carvalho e dizia: "Pô, estou com um probleminha aqui em Brasília..."

Na seleção adulta, no ápice do desempenho, enfrentando os melhores jogadores do mundo, entendi perfeitamente a necessidade do treino todo. Hoje, com quase cinquenta anos, adoro treino físico. Ainda faço. Mas ali, com vinte anos, ainda tinha que ser empurrado. O Bebeto sabia disso, o Jorjão também. Então, eles me botavam na frente para puxar as corridas, junto com o Negrão, que era outro meio mole para treinar também.

Na semifinal do Mundial, como eu disse, perdemos para a Itália. Terminamos a competição em quarto. Não foi o que queríamos, mas não foi decepcionante. A nova geração tinha se estabelecido na seleção e tínhamos uma base para sermos competitivos dali a dois anos, nos Jogos Olímpicos de Barcelona.

CAPÍTULO XI
CONFIANÇA

Terminamos nossa participação no Mundial de 1990 perdendo para a União Soviética. A gente já estava totalmente morto, depois da batalha contra a Itália. Ao final do campeonato, uma boa surpresa para mim. Eu, que tinha me contundido na preparação, que tinha até começado a arrumar a mala para ir embora da seleção e do Mundial, fui convocado para a seleção do Mundo de Voleibol, com os destaques do campeonato. Viajei com os melhores jogadores do planeta para fazermos dois jogos, como parte da programação da Copa do Mundo de Futebol, que naquele ano foi na Itália. Fizemos um jogo em Roma e outro em Madri.

Olhando para trás, penso como as coisas mais loucas podem acontecer com a gente. Eu estava sendo cortado; dois meses depois, era um dos melhores do mundo. Isso só mostra que desistir do que a gente almeja não é a melhor aposta na vida.

No ano seguinte, teve o Pan-Americano em Havana, Cuba. Não havia mais dúvida de que o Brasil tinha um time novo, em ascensão, com potencial para encarar as principais seleções do planeta, que naquele momento eram Itália e Cuba. E o adversário a ser batido na competição lá na ilha do Fidel era, claro, a seleção da casa, vice-campeã mundial.

O Bebeto não quis seguir no comando da seleção, depois de dez anos, com intervalos, no cargo. Foi trabalhar na Itália, onde ganhou cinco títulos à frente do Parma e acabou recebendo o convite para treinar a seleção italiana. Foi campeão da Liga Mundial de 1997, campeão mundial como técnico da Itália em 1998 e depois voltou para o Brasil para ser dirigente. Uma carreira cheia de conquistas.

O Josenildo Carvalho, que era meu técnico no Banespa, assumiu, levando os métodos que ele utilizava no clube. Ele tinha implantado uma metodologia de trabalho vencedora. Fomos vice-campeões mundiais em 1991, tetracampeões sul-americanos, tetracampeões brasileiros — um time que tinha o Montanaro e o Amauri como os caras mais experientes em quadra, e eu, Giovane, Maurício e Negrão, entre muita gente boa.

O Josenildo usou essa base do Banespa para treinar. E só pensávamos nos cubanos, até porque não tínhamos cruzado com eles no Mundial. Até o momento de enfrentar uma equipe em quadra, nós só podemos imaginar o que esperar dela. Eles eram comandados pelo Joel Despaigne, um atacante genial. Ganhamos os nossos jogos e chegamos à final contra Cuba. E foi 3 a 0 para eles (15-9, 15-12 e 15-8).

Logo a seguir, houve uma reunião em que todos choraram as mágoas. Havia dois consensos: o primeiro era de que não tínhamos jogado nada. E o segundo, o mais dolorido, era o de que, se tivéssemos mostrado mais voleibol, poderíamos ter vencido. Nossa seleção tinha potencial para mostrar mais do que aquilo, não havia rendido.

O Carlão, que não é de ficar quieto, então, tacou o pé na porta. "Desculpa, eu não posso concordar com essa avaliação. Para mim, um dos problemas era que o Tande não estava bem no jogo." E era verdade. Entrei como titular da equipe e não estava bem. Havia outras opções que poderiam ter rendido mais do que eu naquele jogo. "Ele não estava bem e você não o tirou do time", disse Carlão, se dirigindo ao Josenildo.

Eu fiquei surpreso e irritado com o Carlão. E respondi: "Se é assim, por que vocês não ganharam quando eu fui para o banco? Não mudou nada a minha saída." E a discussão seguiu por aí até que o Josenildo a encerrasse.

O Carlão era nosso capitão e tínhamos toda a confiança nele. O que ele estava fazendo era brigar pelo time, a favor do coletivo, não contra mim em particular. Ele lembrou que tínhamos sido campeões sul-americanos, que jogávamos de igual para igual com qualquer seleção do mundo, que não poderíamos ter tido uma atuação tão tímida.

O Carlão tinha brigado comigo no passado para me ajudar. Tinha sido um dos que me convenceram a não desistir do Mundial quando eu já estava cortado. Era muito duro vê-lo tomando aquela atitude naquele momento.

No entanto, ele estava certíssimo. Isso faz parte da dinâmica de um time. Uma equipe vencedora se forja assim. As pessoas têm que se mirar olho no olho, e ver o que cada um tem para dizer. E se tem algo para falar, desembucha. É isso que forma um grupo, que faz com que haja confiança entre todos que fazem parte de uma equipe, no escritório, nas ruas, em casa, na quadra... Não pode ter medo de expressar o que pensa em relação às coisas que afetam o grupo como um todo.

Com a cabeça fria, considerei melhor o que o Carlão tinha dito. E concluí que meu condicionamento físico continuava não sendo dos melhores. Eu era um dos melhores jogadores do meu esporte em todo o mundo. Tinha muita habilidade e repertório. Mas tinha possibilidades de crescer e precisava adquirir um condicionamento físico excelente para poder ter o desempenho de alto rendimento que eu almejava e sabia que poderia alcançar. Não tinha sido naquele Pan. Bola para a frente, que no ano seguinte teria os Jogos Olímpicos.

A crise gerada pela derrota no Pan custou o cargo do Josenildo, um cara campeoníssimo no Banespa, um dos técnicos mais estudiosos e um dos responsáveis pela revolução do voleibol brasileiro. Disso ninguém duvida.

Hoje em dia, os métodos de preparação no voleibol passaram a uma nova fase. O tempo de treino já não é tão extenso quanto antes, e se valoriza mais a qualidade e intensidade do que a quantidade de tempo dedicado.

O grande legado do Josenildo foi ter trazido mais jogadores ou ajudado atletas a se firmarem na formação daquele grupo, caras que ficariam depois e participariam da conquista da medalha de ouro em Barcelona e de outras vitórias daquela geração. Para os jogadores, ele era um paizão, um cara de quem sempre gostei muito e foi importante para o meu desenvolvimento.

O José Roberto Guimarães estava na estrada havia algum tempo. Ele sempre exercia as funções de auxiliar técnico. Era um cara novo, com 37 anos. De repente, no meio daquele furacão, sobrou para ele assumir a seleção, faltando menos de um ano para os Jogos Olímpicos de Barcelona.

Complicado? Talvez. Mas se tinha alguém perfeito para encarar era o Zé Roberto. Porque está aí um cara que adora desafios, como a trajetória desse gigante de 1,77 metro iria mostrar dali para a frente.

José Roberto Guimarães tinha sido assistente técnico do Bebeto. E tinha passado por equipes como o Pão de Açúcar e o Colgate. Não era um técnico super-rodado, mas não se pode dizer que ele não tinha experiência com o voleibol. Antes, ele tinha sido levantador. Jogou por 13 anos, foi à Olimpíada de Montreal, em 1976. Mas aquele cara jovem, depois de tanto tempo com um treinador como o Bebeto, um tremendo ícone, e o Josenildo, outro profissional de muita experiência, instaurou uma desconfiança inevitável dentro do grupo, que ele teve que batalhar para superar. E superou na base do trabalho.

Zé Roberto era um cara capaz de chegar para um craque do nível do Maurício e dizer: "Eu não quero essa bola assim; eu quero que ela saia assim." E mostrava na prática, não só na teoria. Era a volta da escola do Bebeto, que fazia a mesma coisa, porque também era um levantador excepcional.

O levantador é um cara muito importante, ele distribui as bolas, dita o ritmo do time. O Brasil tem uma escola de grandes levantadores técnicos. O mais recente é o Paulo Coco, que treina o Praia Clube e é auxiliar do Zé Roberto na seleção feminina. Então, vem do Bebeto, passa pelo Zé e chega no Bernardinho, que era o reserva do William na Geração de Prata e também um grande levantador.

Boa parte dos técnicos do primeiro time desenvolveu essa capacidade de leitura do jogo atuando como levantadores. É como nas empresas. Quem interage com mais gente, quem precisa entender como o outro troca bola, quem sabe o que cada um pode dar e como pode dar, vai ter mais chance de ser um bom gestor de talentos, o que é uma das principais virtudes para se gerir bem qualquer organização.

A chegada do Zé, do Marcos Pinheiro (Marcão, assistente técnico), do Júlio Noronha (Julinho, preparador físico) e do Matias (fisioterapeuta) naquele momento é uma daquelas coisas que a gente só pode dizer que não acontecem por acaso, mas não sabe nem como explicar. Foi uma conjunção perfeita. Porque havia uma geração supertalentosa que tinha batido na trave no Mundial e no Pan. Então, a gente já tinha começado a ficar desconfiado. Não que a cobrança fosse por resultados tão imediatos. A cobrança era forte, mas todo mundo tinha consciência de que o time estava em formação. Não estávamos prontos. Olhando para trás, a distância permite fazer um diagnóstico: nós não conhecíamos ainda o caminho do sucesso.

Talento não faltava, mas ainda não tínhamos o ajuste final que só aquelas equipes que vão chegar às grandes conquistas têm. Houve momentos em que isso bateu forte naqueles jogadores. O que pesava mais era a própria consciência dos valores individuais da equipe.

Era uma equipe que tinha o Giovane, um cara que nasceu para jogar vôlei, melhor bloqueador em vários campeonatos; um levantador como o Maurício, que é um estrategista nato, distribuindo o jogo; o melhor atacante do planeta, o Negrão, que, com 19 anos, pegava a bola como nenhum jogador tinha feito antes dele; o Paulão, centralzão hipereficiente; um jogador como eu, habilidoso, aguerrido, que sabia chamar a torcida; um banco supercoeso, completo, com Talmo, Douglas, Amauri, Jorge Edson, Pampa, Janelson... Liderança também não faltava, porque o Carlão é o líder que qualquer time gostaria de ter.

Fomos vice-campeões no Pan. Era muito pouco para o potencial que sabíamos que tínhamos, pelo retrospecto da geração que veio antes da gente e na qual nos espelhávamos e, principalmente, pelo nosso nível de entrega. E esse último fator era o mais importante.

Porque pensávamos: "Como pode treinarmos tanto, termos jogadores com um nível alto de atuação individual e, quando chegamos lá, entre os times do topo, os caras ganham da gente?"

Essa era uma pergunta que a gente se fazia, quase sempre em silêncio. Mas, depois do Pan, alguns de nós pensamos mesmo em desistir, abrir caminho para outros jogadores, qualquer coisa. O Maurício foi um deles. Ele falou: "Vamos largar disso. A gente treina, treina e chega na hora a gente perde."

Repito: não tínhamos descoberto o caminho do sucesso quando o Zé começou a trabalhar.

Uma boa decisão que ele tomou logo de saída foi ter trazido o Amauri, que poderia até ser titular. Era um cara extremamente experiente que estava indo para a quarta Olimpíada, que tinha vivido as alegrias e a frustração da Geração de Prata e até jogado ao lado do Zé Roberto.

Para um grupo muito jovem, chegar aquele medalhista, com 32 anos e muita sabedoria, foi fundamental. O corpo já não ajudava tanto. A velocidade poderia não ser a mesma, mas o Amauri passava como ninguém. Ele era um jogador extinto no voleibol, um central que passava bem a bola. Hoje, essa função é, sobretudo, do líbero.

Então, o Zé Roberto chama o Amauri, que se tornaria praticamente um intermediário entre a comissão técnica e os atletas, e o coloca junto com o Negrão. Era o mais experiente com o mais jovem. Em 1992, o Marcelo tinha ainda 19 aninhos e respeitava demais o Amauri. E o Amauri ficou grudado no Negrão, consciente de que ele seria um jogador fundamental se quiséssemos chegar a algum lugar.

O Zé então montou o time dele, fomos treinar e começamos a jogar. Eu e o Maurício conversávamos muito, tentando entender o que acontecia. Jogávamos no mesmo time, o Banespa, e morávamos juntos naquela época. Ele era dois anos mais velho que eu, mais tranquilo, mas também ficava abatido com nossas bolas na trave.

Nós não tínhamos a menor dúvida da qualidade do nosso voleibol. O Negrão foi eleito o melhor atacante da Liga sem que tivéssemos chegado às finais. Maurício ganhava prêmio toda hora. Giovane foi o melhor do Sul-Americano. Eu figurava sempre entre os melhores também. O Gigio e o Carlão já estavam na Itália, com bons contratos. Maurício, Negrão e eu também tomaríamos o mesmo rumo. O vôlei de clubes da Itália era o mais desenvolvido do planeta naquele momento.

Então, a gente se perguntava o mesmo que a imprensa esportiva mais especializada se perguntava: o que está faltando? Àquela altura, início de 1992, já não era um time recém-formado. Eu já tinha quase três anos no time principal. A base tinha se consolidado no Sul-Americano, que parecia o primeiro passo em uma ascensão na qual ninguém nos seguraria. E, no entanto, o Mundial, e principalmente o Pan, além da Liga, não tinham sido como a gente esperava. A luz amarela estava começando a apagar. A luz vermelha tinha acendido para a nossa geração.

O problema: éramos bons individualmente, mas não tão bons assim quando nos juntávamos. Isso é um fenômeno mais comum do que parece em trabalhos de equipe. Se pensarmos em uma empresa, o que é necessário para um time bem-sucedido? Muito mais do que talentos, é preciso capacidades que se complementam. Ninguém sabe fazer tudo nem tem todas as habilidades. As habilidades básicas são essenciais. Mas aí começa a especialização. Um vai ser bom em vendas, o outro, craque no planejamento, o terceiro desenvolveu um conhecimento profundo de finanças, o seguinte domina a logística, e assim um time se forma, com cada peça impulsionando as possibilidades de outra. E com cada integrante suprindo as eventuais carências do seguinte.

O voleibol, com seus fundamentos, não é diferente disso. As peças daquela equipe eram de primeira linha, mas o encaixe perfeito ainda não havia acontecido. Tínhamos consciência disso, mas não sabíamos o caminho para resolver a situação. Se conseguíssemos localizar o detalhe que faltava, encontraríamos a chave da vitória.

Antes da Olimpíada, tínhamos uma competição importante, que tinha tudo para nos indicar até onde poderíamos ir. Era a Liga Mundial. Começamos bem. O Zé foi ajustando um detalhe aqui e outro acolá. Os treinos vinham se intensificando. A seleção brasileira começava a apresentar um vôlei diferente, aproveitando o fato de sermos jogadores versáteis.

O Zé estava fazendo tudo com muita sabedoria. Tem muita gente que sai da zona de conforto e acaba não tendo rendimento, porque se desespera com a cobrança. Aí é a hora de chamar no canto. O Zé sabia fazer isso como poucos. Ele cobrava, cobrava, às vezes chamava a atenção do Maurício, exatamente porque ele tinha sido levantador, quando ele saía do jogo. Berrava e dois minutos depois soltava um elogio. Era para corrigir e concentrar. Todo mundo perde o foco uma hora.

Uma vez, no fim de um treinamento, ele colocou um alvo do outro lado da quadra e disse: "É para sacar cinco bolas pela diagonal no alvo aqui." Eu era habilidoso, acertei as cinco. Aí, acabou o treinamento, fiquei zoando os outros que não conseguiram. O Zé colocou o alvo em outro lugar, dificultando para mim, e eu retomei o foco sem nem perceber. Ele sabia instigar o grupo a buscar o melhor. O líder tem isso, a capacidade de tirar alguém da zona de conforto e transformar a equipe.

Perdemos para a Itália, mas estava no script. Era a seleção do momento e isso não impediria que chegássemos à semifinal e, então, tentássemos a sorte de novo. Só que, para isso, precisaríamos enfrentar aquela que tinha se transformado no maior dos nossos obstáculos, a nossa Sierra Maestra, a montanha que sempre nos detinha: Cuba.

Havia muitos anos que o Brasil não vencia Cuba no vôlei masculino. No ano anterior, na final do Pan, tínhamos perdido por 3 a 0. Não estava fácil.

Mas era exatamente daquilo que a gente precisava. Se não atravessássemos essa montanha, jamais teríamos um time campeão. E esse jogo se tornaria decisivo na construção daquela equipe.

Ginásio do Ibirapuera, começa o jogo e o couro come, sem piedade de nenhum dos lados. Primeiro set, 15 a 11 para eles. Jogo equilibrado, mas os caras no domínio. Devolvemos no segundo set, mas no terceiro eles voltaram com tudo. Atacaram com força, mas nós nos seguramos e contra-atacamos com a mesma força. No quarto set, devolvemos. E aí vamos para o quinto e decisivo set. Sem *tie break*. Vencia quem chegasse aos 15 pontos ou fizesse dois pontos de diferença depois do 15º.

Saímos na frente e a cada ponto íamos ficando cada vez mais ansiosos. Eu pensava: "Nossa! Dessa vez, vai. Vamos conseguir!"

Os cubanos, sempre muito catimbeiros, mais experientes, adoravam tirar o nosso foco. Gritavam na nossa cara, cuspiam, saltavam com as mãos por cima do nosso bloqueio, resmungavam no nosso ouvido enquanto estávamos na rede... Muito chatos!

Só que do nosso lado tinha o Carlão, nosso líder. Como dizer o que o Carlão representava para a gente? Ele perturbava o adversário e quem jogava do lado dele. Mesmo jogando no time dele, você morria de medo. Todo mundo respeitava o Carlão.

Porque ele vai para dentro. Se ele estoura, parte para cima e sai de baixo. Mas o respeito a ele não era só entre os jogadores. Ele brigava pela gente com todo mundo que fosse necessário, incluindo dirigentes e até a arbitragem.

Então, no quinto set, a gente saca; a defesa cubana rebate mal e a bola sobra no meio da rede para quem? Carlão, claro. Ele sobe, bate na bola com convicção e já corre para a torcida para comemorar. Aí eu olho e o juiz está marcando para os cubanos. Ninguém entendeu nada; a jogada tinha sido absolutamente normal.

Aí o tranquilão Zé Roberto mostra naquela hora que também ele era o nosso líder, que também brigaria pelo time, que era o técnico no qual a gente poderia confiar. Ele entra na quadra aos berros, batendo na rede e apontando para o Diago, levantador e capitão cubano. "Ele puxou a rede por baixo. Foi ele que puxou a rede."

O que aconteceu é que todo mundo estava olhando para cima enquanto a bola voltava para a nossa quadra, o Carlão subia e a cravava na quadra cubana. Enquanto isso, o Diago estava infiltrado quando o levantador veio do fundo da quadra. Mas, como não daria tempo para alcançar a bola, ele puxou disfarçadamente a rede por baixo. Uma das câmeras de TV captou o movimento perfeitamente. O Zé Roberto guarda essa imagem até hoje. É um souvenir para ele.

Está lá o Zé, possesso, gritando, e eu olho para o Carlão. Ele ainda estava de costas para a cena, ainda comemorava o ponto que não tinha acontecido. O juiz tinha dado mão na rede. Ele não tinha tocado na rede, claro. A rede se mexera pelo movimento do Diago, que o juiz não conseguiu ver.

Os cubanos ficaram rindo da nossa reclamação e da "malandragem" deles. Então, o Zé vai para a quadra deles falando o diabo para o Diago. E vai todo mundo junto. Nisso, o Carlão se vira, percebe o que está acontecendo e entra no bolo. Naquela hora, não teve jeito. Ele discute e fica louco para pegar o Diago. Tempo fechado, briga pra lá e pra cá, a turma do "deixa disso" entra em ação e a coisa vai se acalmando.

Voltamos para o jogo. Os cubanos sacam e a gente quer virar essa bola, esse ponto roubado, de qualquer jeito. O Giovane salta mais alto do que nunca tinha saltado na vida e mete a bola no chão. Vibração total na quadra e nas arquibancadas.

O Diago, capitão dos cubanos, tinha ajudado a despertar em nós aquilo que precisávamos. Ele tinha tocado a chave que faltava: era a confiança, a garra para subir mais alto e bater mais forte, sem medo de errar.

Toda a dedicação, a entrega, a resiliência absurda que precisamos ter para enfrentar os momentos difíceis apareceram ali na quadra no ponto máximo e na hora em que eram mais necessárias: a hora decisiva, o quinto set. Um olhava para o outro e a gente nem parecia mais o mesmo time de antes. O Negrão pegava a bola com uma força descomunal; Giovane bloqueando tudo; Carlão subindo para o *block* e já descendo e chamando a torcida. O Zé, do banco, vibrando, jogando com a gente.

Os cubanos tinham despertado uma fera, uma espécie de "loucura positiva", que era a peça necessária para que a equipe atingisse o ponto de "voar", um nível de confiança suficiente para jogar na intensidade máxima, acreditando que tudo daria certo e que poderíamos mesmo vencer qualquer adversário. Na quadra, um via que o outro queria muito a vitória e seguia nessa mesma vibração, e isso produzia uma energia monstruosa. Tudo funcionava dentro dos padrões do que havíamos exaustivamente treinado e agora estávamos aptos a executar com perfeição.

A preparação estava lá no DNA do voleibol jogado nesse nível. Ou em qualquer atividade exercida no ponto máximo da exigência e do desempenho. Os movimentos passam a ser automáticos. E concentrado em fazer com perfeição e consciente de que sabe o que está fazendo, tendo a confiança adquirida pelo caminho traçado, não tem Olimpíada, não tem nada, só o jogo. E aí você está se divertindo, competindo e vibrando. Enquanto você se mantém assim, com foco absoluto, independentemente da atividade, você consegue atingir o melhor nível, a famosa alta performance.

Fechamos o quinto set em 15 a 11. Vencemos. Foi um jogo épico. Tínhamos derrotado aqueles que, para nós, eram invencíveis. Tiramos o monstro, o elefante da sala, o peso dos nossos ombros, aquilo que nem eles e nem nenhuma outra equipe jamais voltaria a ser para nós. Dois dias depois, nos enfrentamos mais uma vez. E vencemos novamente, só para confirmar o que a gente já pensava: poderíamos fazer uma boa Olimpíada, disputar com todo mundo e ficar entre os quatro grandes. Quem sabe até uma medalha?

CAPÍTULO XII
MANTER O FOCO: BARCELONA 1992

Como contei no capítulo anterior, as vitórias sobre Cuba haviam trazido para a equipe a confiança necessária para jogar de igual para igual com qualquer equipe do mundo. Isso já estava ótimo para um time que vinha falhando na hora decisiva e começava a duvidar de si mesmo. Às vezes, na vida, a mudança, a retomada do curso certo, é só questão de detalhe. E tínhamos chegado lá, unindo a técnica e a garra. Isso não significava, no entanto, que iríamos para Barcelona como um dos favoritos. Ninguém nos incluía na lista dos favoritos às medalhas, nem no Brasil, nem no exterior. Nossa pretensão era ficar entre os quatro, o que seria um avanço, já que acabamos fora das semifinais da Liga Mundial. Apesar das vitórias sobre os cubanos, tínhamos perdido a última vaga para os Estados Unidos após os confrontos na casa deles, em que perdemos uma e ganhamos outra. Mas já éramos outro time. Uma vitória sobre os Estados Unidos não era nada trivial.

Enfim, chega a Olimpíada. Faltando poucas horas para o embarque, o meu amado e falecido pai, que não era a pessoa mais otimista do mundo, vira para mim e fala: "Filho, eu acho que o time é bom. Eu acho que, se vocês acreditarem, vocês vão chegar lá, hein!" Eu falei: "Pai, você tá louco!"

Eu não queria aquela pressão em mim ainda. Queria viajar e jogar meu vôlei para ver o que aconteceria. Mas eu lembro até hoje, porque ele falou na importância de "acreditar". E meu pai não era neófito. Ele tinha jogado vôlei, acompanhava os jogos, as carreiras dos dois filhos. Então, não era bobo. Falou aquilo comigo com a intenção de incutir confiança.

Antes de irmos para Barcelona, passamos pela Alemanha para amistosos, mas a cabeça já estava voltada para os Jogos. E chegou, enfim, o grande dia. Alexandre Ramos Samuel, o Tande, 22 anos, estava na Olimpíada.

É até um pouco difícil descrever o que eu sentia. Os Jogos Olímpicos são um evento de escala monumental, que envolve toda a elite do esporte mundial. É o sonho que move todo atleta. Eu quase me beliscava para ter certeza de que não estava sonhando. "Cara, eu tô chegando numa Olimpíada", eu pensava comigo mesmo.

O clima da cidade ajudava muito. Estava tudo tomado pelo espírito olímpico, desde o aeroporto. Panfletos sobre os Jogos, o símbolo olímpico espalhado por todos os lugares, outdoors pelo caminho, bandeirolas, camisas de países de todos os cantos do mundo. É uma espécie de Disney dos esportes.

A gente cruza, durante as programações paralelas, com os mitos de vários esportes, uma coisa espetacular. Michael Jordan, Magic Johnson e outras estrelas que circulavam por ali, embora estivessem hospedadas em navios. Você caminha um pouco e passa pelo Sergei Bubka, o monstro que quebrou 35 vezes o recorde mundial do salto com vara. Havia atletas russas janela a janela com a gente, e elas respondiam aos nossos acenos.

O clima era frenético, a cidade borbulhando, o mundo inteiro lá. Chegamos na Vila Olímpica em meio a um trânsito pesado de ônibus pelas pistas exclusivas para o transporte de atletas.

Pelo caminho, já fiquei impressionado com a dimensão da transformação que os Jogos tinham provocado na cidade. A região de Montjuic, onde foi construído o complexo olímpico, era uma área completamente degradada. Revitalizaram completamente, arrumaram tudo, e hoje é uma das regiões mais frequentadas de Barcelona, sempre recebendo muitos turistas e locais.

A Vila Olímpica era maravilhosa, com o toque todo especial de ter uma praia exclusiva para os atletas. Era o *point*. Todo mundo treinava e depois ia para lá, dar um mergulho, tomar sorvete, paquerar...

Eu, como tinha noivado pouco tempo antes, me comportava. Alguns casais iam se formando por ali. Mas no nosso time, não. Estávamos muito focados e fechados no nosso grupo. Tínhamos a convicção de que a concentração era absolutamente essencial para alcançar nosso objetivo.

Éramos muito jovens, mas bastante conscientes de onde queríamos chegar. Uma coisa que para a gente era o símbolo da disciplina, do princípio do grupo acima das individualidades, era a nossa "caixinha".

Tínhamos uma "caixinha" com multas para tudo. Quem cometia qualquer deslize tinha que pagar. Eram US$ 10 por minuto de atraso, sem apelação. Não era pouco. O Zé Roberto estipulou isso dizendo que "não queria se estressar com ninguém". Então, ele decretou: "Quem chegar atrasado, vai pagar caixinha."

O nosso gerente financeiro era o Talmo, levantador. Era um cara superorganizado e implacável, como convém a quem cuida do caixa da empresa. Volta e meia tinha um que chegava atrasado no ônibus ou no almoço e, além de pagar a caixinha, tinha que aturar a gozação do resto do time.

Era uma correria danada para cumprir tudo à risca. E, de vez em quando, dava até discussão. A gente negava o atraso, ficava bravo com o Talmo, mas até o Zé Roberto teve que pagar nas vezes em que se atrasou. Parece um fato prosaico, mas a "caixinha" ajudou a gente a manter a disciplina, que era uma marca desse grupo. Ajudou a manter um grupo muito jovem na linha. A gente tinha várias regras, quase rituais.

Chegamos no nosso prédio na Vila Olímpica. A delegação brasileira atrás da espanhola e na frente da russa. E fizeram a divisão dos quartos. Eu com o Maurício, Zé com o Marcão (Marcos Pinheiro), Amauri e Negrão, como sempre, o Paulão com o Giovane, porque eram os dois que dormiam mais cedo, o Pampa com o Carlão, e por aí vai...

Quando começamos, éramos 18 jogadores trabalhando com o Zé Roberto. Seis tiveram que ser cortados. Para Barcelona, fomos eu, Maurício, Talmo, Marcelo Negrão, Janelson, Jorge Edson, Giovane, Paulão, Pampa, Douglas, Amauri e Carlão.

No dia seguinte à nossa chegada, já retomamos os treinos. E íamos deparando com a escala de grandeza dos Jogos Olímpicos: uma central de ônibus enorme, com carros partindo para todos os lugares, levando atletas; um salão enorme de café da manhã.

No almoço, eu logo descobri que a delegação italiana tinha levado seu cozinheiro. A massa deles, nem preciso dizer, era a melhor de todas. Começamos a pedir a comida ali, e eles serviam todos os atletas. Só que a fila foi ficando tão grande que não teve massa para dar conta da fome de toda a rapaziada. Tiveram que dar uma segurada.

Ficávamos da nossa mesa, olhando para a turma toda. Eram muitas caras e biotipos completamente diferentes. Ficávamos nos perguntando: "De onde será aquela atleta?" ou "Que esporte esse cara pratica?".

Dois, três dias depois, você via a mesma pessoa na TV subindo ao pódio, com a medalha, que era o objetivo de todo mundo ali, pendurada no pescoço. Foi justamente o que aconteceu com um sujeito em quem reparei. "O que ele está fazendo aqui", pensei. Depois vi que ele ganhou o ouro na luta greco-romana, era simplesmente o melhor do mundo na sua modalidade. Era tudo muito grande e muito doido!

Eu me lembro que, em cada lugar que a gente ia, tinha essa coisa da troca de bottons, todo mundo colecionando, feliz da vida, essas lembranças que vão ser guardadas para o resto da vida.

Os voluntários eram de uma gentileza tocante, uma galera que tinha vindo do mundo inteiro e com quem a gente fez amizade muito facilmente. Eles pediam uma camisa; você pedia o casaco deles e assim a coisa ia. Houve um dia em que treinamos numa quadra que era do lado do campo de badminton, e aí fomos espiar o treinamento dos caras. Em outro, foi ao lado dos tatames do judô e conseguimos ver uma parte das provas.

Eu me sentia um pinto no lixo, na Meca dos esportes, encantado com tudo, vidrado com a dimensão daquilo: helicóptero, balão, polícia, detector de metais... Tudo era novidade para mim, uma coisa muito distante da minha realidade de garoto brasileiro de 22 anos.

Mas, na competição propriamente dita, um fator nos preocupava: a gente caiu no grupo da morte, com Cuba, Holanda, CEI (Comunidade dos Estados Independentes, sucessora da União Soviética, que havia sido dissolvida no ano anterior) e ainda Coreia e Argélia. Como passavam quatro equipes para a segunda fase, não havia espaço para cochilo. E se você passasse em quarto, pegaria logo pela frente os Estados Unidos ou a Itália, os gigantes daquela competição, e poderia ir fazendo as malas para partir. Pelo menos, era como víamos a situação.

Os Estados Unidos vinham para tentar o tricampeonato olímpico. Tinham uma equipe muito sólida, com mistura de gerações e caras como o Timmons e o Stork, que depois jogaria comigo na Itália. Eram experientes e talentosos. Os italianos eram campeões mundiais.

Traçamos nossa meta: não poderíamos sair do grupo em quarto. Parece uma meta pouco ambiciosa, mas, analisando os adversários da chave, era realista. A Coreia era uma boa seleção. Contra a Rússia (CEI), a gente às vezes ganhava, às vezes perdia. A Holanda nunca tínhamos vencido. Era um time de gigantes, muito difícil de enfrentar. E Cuba... Bom, a gente achava que os caras viriam para cima querendo nos matar depois das nossas duas vitórias recentes. Então, o nível de dificuldade da chave era altíssimo, e era melhor manter o pé no chão e traçar uma meta factível, para que um percalço não fizesse com que perdêssemos o foco no objetivo, que era a classificação. Metas ambiciosas na vida são interessantes, mas, quando se tornam irreais, podem ser contraproducentes.

Traçar metas factíveis, em qualquer circunstância da vida, é importante e não significa que você não confia em si mesmo. Significa que você tem humildade, boa leitura dos obstáculos que vai enfrentar e não age com arrogância.

Então, concentração total. Nem sequer participamos do desfile das delegações, na abertura dos Jogos, momento tão esperado por todos os atletas, porque tínhamos jogo já no dia seguinte.

E a primeira disputa era contra a Coreia, que tinha ganhado do Brasil na Olimpíada anterior, na qual jogaram em casa. Um jogo, aliás, que deu muita polêmica. A gente sabia que seria uma partida difícil.

Ganhamos por 3 a 0, mas não foi fácil como pode parecer diante do placar. Os dois primeiros sets foram apertados: 15-13 e 16-14. Só no último conseguimos abrir uma vantagem maior e fechamos em 15-7. Isso nos deixou mais confiantes para o jogo contra os russos, o mais decisivo de todos dentro daquela nossa estratégia.

Kuznetsov, Oleg, Fomin… havia grandes jogadores naquele time da CEI. Entramos extremamente concentrados, respeitando muito o adversário, disputando com muita vontade os pontos. E fomos vencendo os sets (15-6, 15-7). Parecia que os caras não conseguiam acompanhar o nosso jogo. Mas, no terceiro set, eles reagiram (15-9). O quinto foi uma batalha, mas ganhamos por 16 a 14.

No começo, poucos jornalistas acompanhavam nosso treino. Quando chegamos na semifinal e na final, repórteres do mundo inteiro apareciam querendo mais informações sobre esse time que tinha chegado lá. Percebemos que já éramos olhados de forma diferente naquela competição. Mas nem o Zé Roberto, nem ninguém da equipe e da comissão técnica se desviava do caminho. Disciplina, "caixinha" para quem se atrasasse, foco no objetivo…

O grande teste do potencial do time seria a Holanda. Eles eram considerados até ali os favoritos do grupo, mas tinham perdido para Cuba. Era um time de gigantes, quase todos com mais de dois metros. O levantador, Peter Blangé, tinha 2,05 metros. Jogou quatro Olimpíadas, mas contra nós foi substituído por Selinger, levantador reserva — e filho do técnico —, que era menor. A estrela do time era o Ron Zwerver, com

2m. Nossa duríssima tarefa era dar um jeito de passar pelo bloqueio deles. Começou o jogo e atacamos usando como arma a velocidade. Os caras não acompanharam. Estávamos esperando que reagissem em algum momento, mas o nosso jogo só foi melhorando ao longo dos sets. Ganhamos por 3 a 0, com 15 a 4 no último set.

Quando terminou, a gente olhou um para a cara do outro assustado. "Caramba! Derrotamos os caras." A confiança de que poderíamos chegar a algo maior começou a se firmar no grupo, mas não tínhamos tempo para nos desviar do foco ou pensar em algo mais que não fosse o que faríamos em quadra: dois dias depois, teríamos pela frente o nosso velho fantasma: Cuba!

Não tem descanso nos Jogos Olímpicos. Você tem que estar preparado física e tecnicamente para manter o nível máximo de performance, mas também psicologicamente, para manter a concentração diante dos mais variados estímulos a desviar a sua atenção.

Nós havíamos enfrentado os russos, descansado um dia, pegado os holandeses, mais um dia de intervalo e já estávamos na quadra para enfrentar Cuba — uma sequência mortal. Mas agora só faltava o último obstáculo "mortal" do grupo da morte: os nossos velhos inimigos íntimos.

Tinha uma coisa muito legal na nossa relação com os cubanos. Apesar de toda a rivalidade na quadra, fora dela mantínhamos uma relação muito boa com eles. Como jogavam fora do esquema profissional em que atuávamos, eles tinham mais carências e nós tentávamos ajudá-los. Presenteávamos os jogadores com calças jeans, tênis e coisas assim. Muitas vezes, trocávamos roupas por peças de uniforme que guardávamos de recordação.

Para nós era estranho entender aquela situação, porque eles poderiam estar ganhando muito bem com o voleibol no nível em que jogavam. O dinheiro, no entanto, ia para o Estado cubano. Eu era muito amigo do Valdés, um central, enquanto o Maurício se dava muito com o Joel Despaigne.

O Joel era um fenômeno, já tinha sido eleito o melhor jogador do mundo e morava numa casa comum, de três quartos, em Havana. Os italianos ofereciam US$ 600 mil por ano para ele e não adiantava. Ele permanecia em Cuba para defender a seleção. Só foi para a Europa em 1995 e encerrou a carreira por lá. Ele merecia o apelido que tinha ganhado: "El Diablo".

Antes do jogo, todo mundo concentrado, a costumeira catimba era a nossa maior preocupação. Então, repetíamos: "Não vamos cair na deles, vamos jogar o nosso jogo!" Hoje, percebo que ali já levávamos fé na qualidade do nosso jogo, porque não temíamos mais o volume que eles poderiam apresentar, mas sim a nossa eventual desconcentração, com as provocações costumeiras dos nossos grandes rivais.

Mantivemos nosso foco durante toda a partida e não deu outra: jogamos muito voleibol, abrimos 2 a 0 e vencemos por 3 a 1, sem que a vitória parecesse ameaçada em nenhum momento.

A gente estava surpreendendo adversário após adversário com detalhes que faziam toda a diferença em embates daquele nível. O Zé conseguiu achar espaço para que eu, Giovane,

Carlão e Negrão jogássemos no mesmo time. Nós jogávamos sem um central fixo, só o Paulão. No banco estavam o Jorge Edson, o Douglas e o Amauri. Quando ele botava em campo eu e Carlão, ou eu e Giovane, ou Giovane e Carlão, um tinha que ficar no banco, pois entrava um central. O que o Zé fez? Pôs o Carlão para bloquear no meio, já que ele era muito bom nesse fundamento, e atacar na ponta; o Negrão, que era oposto, atacava no meio, bola rápida, quando passava pela rede. No fundo, atacava da saída. Ou seja, o Zé conseguiu surpreender todo mundo. Foi mérito dele e do Marcão, da comissão técnica, bolar essa configuração que acabou dando supercerto. Começamos a dar um saque chapado, aproveitando a dimensão maior da quadra. A bola vinha flutuando e pegava um efeito que complicava muito o passe e, em consequência, a armação das jogadas dos adversários. Havia umas bolas rápidas aceleradas na ponta e pelo meio do fundo para o Giovane, que surpreendiam todo mundo.

Ninguém tinha treinado para enfrentar essas novidades, não estava no manual, os caras não sabiam o que fazer.

O grande salto tinha sido encontrar formas de botar todos aqueles talentos individuais para jogar como uma equipe. E fomos bem-sucedidos nisso graças, sobretudo, ao conhecimento, à capacidade de encontrar saídas e montar estratégias e à sensibilidade do Zé Roberto. Ele conseguiu pegar aquilo que cada um sabia fazer de melhor e botar tudo para funcionar em conjunto no jogo, sem que uma coisa atrapalhasse a outra.

O trabalho foi surtindo efeito e a gente ganhou confiança. Depois da vitória sobre Cuba, a gente estava encantado, em estado de graça, enquanto as outras seleções tentavam descobrir o que fazer para ganhar da gente lá na frente. Tudo estava dando certo e foi ficando muito divertido também.

Depois de Cuba, tivemos um jogo contra a Argélia, encerrando a nossa participação no Grupo B, o "grupo da morte". Não foi nada fácil também. Vários reservas entraram para ganhar ritmo de jogo, testar alternativas, dar um refresco para os titulares. Conseguimos vencer por 3 a 0 e comemoramos por termos fechado em primeiro no nosso grupo. Cinco vitórias, nenhuma derrota e apenas dois sets perdidos. Até ali, era uma campanha muito além da nossa imaginação.

Só que o momento mais decisivo de uma Olimpíada geralmente é justo esse em que você sai da fase de grupos — em que um tropeço ainda pode ser compensado mais adiante — e vai para o mata-mata. Daí para a frente, nenhuma das oito seleções classificadas poderia perder. Eram dois times em quadra e só uma chance. Quem ganhasse, seguia em frente, quem perdesse, fazia as malas.

Nossos adversários seriam os japoneses, que tinham feito o jogo mais polêmico da Olimpíada até ali. Eles venceram os Estados Unidos no tapetão. Durante a partida, o juiz errou na marcação de um cartão amarelo que seria o segundo do time e daria um ponto e a vitória para os japoneses. Com isso, os americanos saíram da quadra com a vitória. Mas, após uma apelação, um julgamento da Federação Internacional de Vôlei reconheceu que o árbitro tinha errado e declarou os japoneses vitoriosos. Em protesto, todos os jogadores e membros da delegação americana, menos o técnico, rasparam o cabelo como o Samuelson, reserva que tinha entrado e que tomou o tal segundo cartão amarelo. Era um gesto de solidariedade e de união para fortalecer a equipe.

Então, havia chegado a nossa vez de pegar o Japão. Eu tinha pensado no início dos Jogos que, à medida que fôssemos avançando no torneio, conseguiríamos ficar mais relaxados. Não foi nada disso que aconteceu. Não conseguíamos. Íamos para o refeitório, de madrugada, tomar sorvete, refrigerante e comer tudo que atletas não devem, mas que tinha lá aos montes e de graça. O ambiente da Vila Olímpica favorecia a distração, já que tinha salão com videogames de última geração, aparelhos de ginástica, boate e muita gente bonita. Era fácil perder o foco.

A gente tentava se divertir um pouco, se soltar. Porque, até na Olimpíada, tem vida depois do jogo, tem o "depois do expediente", que é absolutamente fundamental para mantermos a cabeça no lugar, evitar que o estresse se agrave a ponto de atrapalhar.

Ficávamos batendo papo com várias atletas da delegação brasileira, jogávamos videogame, mas sempre com o cuidado da pontualidade, sempre fugindo da "caixinha". A gente valorizava muito o compromisso com o objetivo que era compartilhado por todos. Isso manteve a equipe extremamente unida em todos os momentos. Quando a coisa transcorre assim, relaxar, esfriar um pouco a cabeça em algum momento, é parte da receita. Mas a gente só conseguia relaxar parcialmente, não tinha jeito.

E fomos para o embate contra o Japão. Nosso time era aquela mistura de garotos e caras mais experientes, e esses últimos já tinham perdido algumas vezes para o Japão. Então, respeitávamos muito o voleibol deles. Aquela também seria a chance de irmos à forra, já que perdemos na semifinal do Mundial Juvenil para essa mesma seleção japonesa.

Eu me lembro de ver no ginásio o uniforme dos japoneses, tudo extremamente organizado, de última geração, com os nomes de cada atleta à mostra... Otake, Okuyama, Nakagaichi... Mas, àquela altura, já sabíamos que estávamos muito bem na competição e iríamos entrar como favoritos.

Tínhamos engrenado uma dinâmica de time vencedor, de empresa forte, de equipe determinada, que encaixa, segue em frente e bate as metas, sem dar chance para a concorrência.

A gente disputava a atenção do país com a crise do governo Collor. O Brasil estava em transe, rumando para um *impeachment*, e nós iríamos enfrentar os serenos japoneses. A pressão, que não era tanta no início, pois a expectativa sobre nossa participação não era tão alta, começava a crescer. Os horários eram mais cobrados. As exigências no treinamento aumentavam... Passamos pelo Japão com mais um 3 a 0. Quem olhava de fora, imaginava que estava tudo fácil demais para a gente. Mas estávamos dando um duro danado para facilitar as coisas. E por isso havíamos chegado à semifinal olímpica.

Nosso sucesso já surtia efeitos aqui no país, embora não tivéssemos ideia disso naqueles tempos em que a internet e os celulares não haviam se disseminado. Enquanto o Brasil pegava fogo na política, a febre do vôlei renascia como nos melhores momentos da Geração de Prata. Os dois assuntos dividiam o noticiário, mas estávamos alheios a isso. O sinal que tínhamos era o número maior de jornalistas interessados nos nossos treinos e jogos.

Os americanos, todos carecas de raiva pelo que consideravam uma injustiça contra eles, tinham passado por cima dos russos (3 a 1) e seriam os nossos adversários na semifinal, o jogo que decidiria quem iria para a final olímpica e quem teria que se contentar em disputar o bronze.

O jogo foi considerado uma espécie de final antecipada, com os americanos como favoritos. Eles eram os bicampeões olímpicos e um time bem mais experiente. Mas a gente também já tinha ganhado deles, inclusive o último jogo, antes da Olimpíada, válido pela Liga Mundial.

Quando os Jogos começaram, a Itália, campeã mundial, era a grande favorita do torneio. E a Holanda tinha despachado a Itália, o que a colocava definitivamente entre as candidatas ao título de campeã. Nas semifinais, duelo de gigantes: os holandeses passaram por Cuba com um expressivo 3 a 0 e nós fomos para o jogo com os carecas.

Lembro que, enquanto o avião pousava em Barcelona, eu estava ao lado do Julinho, nosso preparador físico. Embora estivesse curioso, não tinha coragem de perguntar, mas enfim acabei perguntando: "Julinho, o que seria um bom resultado para vocês da comissão técnica?" Eu queria saber se eles estavam alinhados com o que pensavam os jogadores. Ele me respondeu que todos imaginavam que poderíamos chegar ao quarto lugar. Disse que, se conseguíssemos chegar à semifinal, estava bom demais e que isso daria uma ótima base para a construção de um trabalho baseado na nossa geração. Disse que, dentro da Confederação, o planejamento se baseava na ideia de que o trabalho com o nosso grupo daria frutos em 1996.

Itália, Estados Unidos, Holanda e Cuba tinham resultados que permitiam colocá-los acima do Brasil em um cálculo hipotético de favoritismo. Os russos estavam no nosso patamar.

O jogo contra os Estados Unidos foi o mais difícil da história. Pelo menos da minha história. E foi um dos em que eu mais tive chance de contribuir. Desde antes do jogo, eu já estava chamando todo mundo: "Vamos com tudo, vamos continuar jogando com alegria." E aí começou a dar certo. Saquei muito bem o jogo inteiro, garantindo muitos pontos. Fui muito bem na defesa também. Eu estava com muita confiança. O time estava, na medida do possível, descontraído, jogando bola e segurando a pressão.

Quando estava em 2 a 1 para nós, os caras começaram a resistir muito. Abrimos 10 a 5, mas eles encostaram: 13 a 12, e o ginásio inteiro estava vibrando. Os americanos estavam jogando muito, dando muito duro para tentar evitar a derrota. A torcida nos Jogos Olímpicos é diferente da habitual: tem uma turma das arquibancadas que torce para os pequenos, sempre; a outra parte enaltece os grandes times, aquelas equipes e atletas que acompanham durante todo o ciclo olímpico. E tem a jogada bonita que o ginásio todo aplaude, como uma homenagem ao esporte.

Fechamos em 15 a 12, finalmente, com muito sofrimento. Três a um nos americanos, e o Brasil estava na final olímpica mais uma vez, como em 1984. Para nós, era o máximo, quase inacreditável. Tínhamos conseguido o feito de nossas vidas e nos igualado aos nossos ídolos. "Já somos medalhistas de prata.

Isso não tem preço", dizíamos, enquanto voltávamos para a Vila. Estávamos mais unidos do que nunca.

Eu só pensava que, naquele momento, poderia dormir. Tinha chegado ao objetivo. Que nada! Quanto mais longe íamos, menos eu dormia. Dormir era uma tarefa inglória para mim. Na vida, a gente tenta controlar a ansiedade, mas também tem que aceitá-la como parte do jogo, como um componente do trabalho e mais uma variante a que precisamos estar atentos para que ela não nos controle.

Na Vila, era muito difícil dormir à noite. Eu virava de um lado para o outro. E não havia nada para me distrair e me ajudar a pegar no sono. Não tinha as redes sociais... não tinha nem sequer celular.

Muitos atletas frequentavam a boate, o que não seria problema em dias de folga. Mas o vôlei é um esporte coletivo. O torneio, caso você avance, dura duas semanas. Quem ficava pelo caminho, ou já tinha encerrado sua participação em determinada competição, podia ficar mais dois dias ainda na Vila e era a hora em que o atleta curtia a vida, paquerava... Víamos várias festas rolando, mas tudo de longe. Permanecíamos lá fechados, concentrados, lavando a própria roupa, fazendo o próprio prato, ainda mais juntos do que antes, administrando a ansiedade e esperando colher a nossa recompensa mais à frente.

Mas apenas o fato de estarmos na Vila Olímpica já era uma experiência espetacular. A gente via o mundo todo se encontrando ali, em Barcelona, e não apenas os grandes atletas. Como no dia em que vimos o Schwarzenegger passeando pela Vila, conhecendo tudo. O Maurício quis tirar uma foto com aquelas nossas câmeras antigas, analógicas, claro. Ele começou a chamar desesperado. O "Exterminador" respondeu com um ok bem frio...

Enfim, chega o grande dia, 9 de agosto de 1992, um domingo. No Brasil, o presidente Fernando Collor de Mello, totalmente desacreditado, enfrentava denúncia atrás de denúncia na CPI que levaria ao seu *impeachment* apenas dois meses depois. Naquela semana, ele conclamou a população a usar roupas verde-amarelas como forma de apoiá-lo. No domingo seguinte, grandes manifestações mostrariam multidões vestidas de preto, em protesto contra ele.

Na madrugada da decisão, eu, Negrão e Pampa jogamos conversa fora na portaria do prédio da nossa delegação por um bom tempo, já que não conseguíamos dormir. De repente para o trenzinho que transportava os atletas e desce dele o Rogério Sampaio, do judô, com a medalha de ouro que tinha acabado de ganhar. Aí, pedimos para esfregar a mão na medalha. Todo mundo que estava por ali fez o gesto, com medo de quebrar a corrente...

Mantínhamos naquela fase final todos os nossos rituais, os horários, tudo como sempre. Essa hora decisiva é muito perigosa, porque crescem demandas que podem fazer o profissional perder o foco. Estávamos recebendo mais atenção de todo mundo, havia muita gente se aproximando de nós, e tínhamos a sensação de já ter chegado a um ponto suficiente. O risco embutido nesse sentimento era deixar de cumprir uma meta que nem estava no horizonte, mas que passou a estar logo adiante e podia resultar em uma recompensa maior ainda. Afinal, ter ambição, querer ir além, é totalmente válido.

No dia do jogo, tomamos café cedo e treinamos rapidinho. Isso é bom para descarregar a ansiedade, deixar o corpo mais leve. Iríamos jogar uma final olímpica, mas todo mundo na vida, no trabalho, tem o seu dia decisivo. E é importante não se deixar levar pela ansiedade em dias como esses.

Ainda vimos um vídeo do adversário, com algumas jogadas que eles faziam, coisas a que devíamos estar atentos. Almoçamos, e antes do jogo eu consegui tirar um cochilinho, o que foi muito bom, porque de noite não tinha dormido praticamente nada.

Fomos para o ginásio. No ônibus, havia um silêncio pesado. A gente até ria, mas de nervoso, sentindo o clima tenso. Menos o Negrão, molecão, 19 anos... Esse mantinha o sorriso tranquilo. Eu brincava, mas estava mais concentrado do que o habitual, tentando mentalizar o que precisava fazer no jogo. Até dois anos antes, eu nunca tinha assumido a posição de passador. Agora, éramos eu, Giovane e Carlão passando as bolas para o Maurício.

Já no ginásio, esperamos acabar o jogo entre Cuba e Estados Unidos, antes de ir para o vestiário. Os americanos ganharam a disputa pelo bronze e quisemos usar o vestiário que os Estados Unidos tinham usado. A exigência foi do Zé, que queria pegar a "energia da vitória".

No vestiário, o Zé reuniu todo mundo para a preleção, que acabou sendo mais curta. Nosso treinador, nosso líder, nosso gestor, como age um líder em uma equipe de vôlei ou do mundo corporativo, considerou que a preparação para o desafio já estava completa e se preocupou em não aumentar a ansiedade. Ele agradeceu nosso empenho, disse estar orgulhoso do que tínhamos realizado até ali, frisou a importância da nossa vibração e da nossa entrega para alcançar os resultados e falou o que muita gente fala para muitas equipes, mas nem sempre é verdade: que éramos uma família. No nosso caso, éramos, sem a menor sombra de dúvida. E esse, inegavelmente, tinha sido um fator decisivo para termos chegado àquele patamar. Ele não deixou de fazer uma advertência também, porque, como já tínhamos vencido a Holanda na fase de grupos, estávamos bem confiantes. "Temos que lembrar que a Itália, grande favorita ao ouro, perdeu para esses caras." Mas, com o nosso time voando, poderia ter vindo a Itália também que não teria jeito. O que tinha sido uma base promissora por dois anos, deu liga e se consolidou. No ano seguinte, quando fomos jogar contra os italianos na semifinal da Liga Mundial, os jornais falaram em "encontro que faltava". Ganhamos por 3 a 0 e fomos à final, conquistando o título contra a Rússia. Aquele era o nosso momento.

Havia outros fatores que considerávamos "decisivos" naquele dia de final olímpica: eu estava com a mesma barba desde o início da Olimpíada. Não quis fazer a barba, já que estava dando certo. E o Zé mantinha a fidelidade à mesma cueca desde o primeiro jogo. Lavava, secava e usava de novo. Cada um tinha a sua superstição, algumas não dá nem para contar…

Termina a preleção e a gente se prepara para ir à quadra e começar o aquecimento. Aí entra em cena um personagem fantástico dessa conquista, que foi o Amauri. Ele, que era o cara mais experiente do grupo, chamou a gente: Marcelo, com seus 19 anos; Giovane, com 21; eu, 22; Maurício, 24... Ele pediu a palavra e começou a falar. Ele lembrou que a geração de 1984 tinha tudo para vencer e deixou escapar o título olímpico. Disse que, se a gente não quisesse repetir essa história, teríamos que manter até o final o empenho, a concentração, sem mudar nada do que já vínhamos fazendo. "Olha, eu sei muito bem a diferença entre uma medalha de prata e uma de ouro. Há oito anos eu estava nesse mesmo lugar em que estamos agora. Nós perdemos uma medalha por alguns erros, por detalhes no momento mais decisivo. Daquela equipe, só eu estou aqui. Hoje, nós temos a possibilidade de fazer diferente e de fazer história."

Era a pura verdade. Só o Amauri representava aquela geração brilhante que tinha ido aos Jogos Olímpicos oito anos atrás. Mas nós também sentíamos que jogávamos por todos que passaram pela seleção brasileira desde Tóquio (1964), a primeira Olimpíada que teve o vôlei como esporte olímpico. Jogávamos por aquela geração que talvez tenha sido a mais talentosa de toda a história do vôlei brasileiro, de atletas tipo Harlem Globetrotters do vôlei. Por isso era tão importante ter o Amauri conosco. Ele representava uma continuidade e uma união entre as gerações que defenderam o esporte brasileiro e conquistaram medalhas. Esse elo que mantivemos sempre foi muito legal. E ele fez questão de frisar o peso que representou não ter conquistado a medalha de ouro. "É duro voltar para casa com o 'quase'. Então, vamos para cima", ele disse. Naquele momento, era o que faltava para a gente se energizar e ficar pronto para o jogo. Sabíamos que precisávamos estar cem por cento focados, dando o que tínhamos de melhor. Não tem nada pior do que querer voltar no tempo. Quantas vezes as pessoas ficam pensando em voltar no tempo para fazer algo diferente do que fizeram ou do que não fizeram num determinado momento em que aquela ação poderia significar a vitória, o sucesso do seu negócio, o estreitamento de laços com a família, uma aproximação maior com os amigos. Todo mundo saiu do papo com o Amauri vibrando.

No aquecimento, sentimos que tinha algo diferente no ar. Atacávamos gritando. Os holandeses devem ter pensado: "Esses caras estão vindo para a guerra?"

O clima no ginásio era mesmo digno de final olímpica. De repente vimos no telão que o Spike Lee e o Magic Johnson estavam nos vendo jogar. Quando a lenda do basquete apareceu, o ginásio veio abaixo. A gente olhava aquilo curtindo muito a experiência. Quando o jogo começou, fomos nos concentrando cada vez mais e, a cada ponto disputado, melhorávamos e ficávamos mais concentrados em jogar voleibol. Eu só me toquei que estava prestes a ser campeão olímpico quando ataquei uma bola que os holandeses rebateram, marquei o ponto e vi no placar: 12 a 5 para a gente no terceiro set. O jogo, a torcida, tudo se mexia lentamente. Parecia que eu estava dentro de um sonho, mas ali entendi que quando você atinge o ápice da concentração, você vai para esse patámar de foco extremo. Antes disso, o jogo estava muito equilibrado, pontos sempre muito disputados. Mas ali baixou a guarda. O Negrão fez o 13 com uma bola de trás. Eles erraram e fizemos o 14º ponto. Sacamos e eles conseguiram retomar a vantagem. Eles sacaram e botei a bola no chão. Eles viraram e eu recuperei a vantagem mais uma vez, desviando do bloqueio enorme dos caras. Fui para o saque e pensei: "Será que eu saco forte essa bola ou vou na segurança?" Resolvi bater forte, tipo "viagem". Eles atacaram e a bola bateu no *block* do Maurício. Eles sacaram forte e eu recebi como pude. O Maurício acertou e o Giovane virou. Teve mais uma vantagem para cada lado e nada de a gente fechar. Aí vai o Negrão para o saque. Não tomou conhecimento. Desceu a mão, a bola bateu no holandês e saiu quicando para trás, até a arquibancada.

"Acabou! Brasil é a melhor seleção do mundo! Medalha de ouro!" Virou tudo uma loucura, com muita gente dentro da quadra. Fizemos uma espécie de volta olímpica, todo mundo se abraçando, caindo, chorando. Subi num banco e o banco foi abaixo. A gente nem sabia aonde ir. Era a conquista da primeira medalha de ouro em esportes coletivos do país.

Quiseram entrevistar o Zé Roberto, que tinha pegado a seleção em um momento em que assumir esse posto era um pepino. Ele, a princípio contido e calmo como sempre, não se conteve quando o repórter disse: "Zé, você é campeão!" e extravasou aos berros: "ESSA VAI PRO BRASIL, ESSA VAI PRO BRASIL, O BRASIL É CAMPEÃO." Emocionado, começou a chorar, dedicando a medalha "ao povo brasileiro", que estava sofrendo com a crise política e econômica.

E, então, fui chamado por um jornalista, o Luiz Fernando Lima. Olho para ele e vejo que não era apenas eu que estava emocionado. Ele me pergunta: "E aí, Tande, como é ser campeão olímpico?" Claro que eu não falei coisa com coisa, mas a forma emocionada de falar ficou muito marcada. Essa entrevista teria uma importância grande em um processo de reinvenção que ainda vou contar para vocês.

Uma outra coisa marcou aquele dia para mim. No pódio, a câmera do estádio veio em cima de mim e percebi que eu estava ficando careca. Fazer o quê? A Fátima Bernardes nos fez falar com nossos familiares ali na quadra. Ela e o Pedro Bial eram os repórteres que foram cobrir os jogos e estavam tão emocionados quanto nós. No meio da muvuca, me entregaram um telefone daqueles grandões, via satélite, dizendo que era uma ligação do presidente. "O Nuzman?", perguntamos. "Não, o Collor." Era tudo um grande sonho, um momento muito especial, inesquecível.

Logo que aquela algazarra toda deu uma esfriada, eu fui para fora do ginásio, ficar um pouco sozinho, só queria agradecer. Precisava falar comigo mesmo e com Papai do Céu. Eu me sentei, com a cabeça ainda um pouco rodando, e fiquei olhando o movimento das ruas. Passou uma ambulância correndo. Vi que o mundo continuava o mesmo. E refleti. "Nós nos divertimos, comemoramos. Deve estar uma grande farra no Brasil; demos uma alegria para o povo brasileiro... mas o mundo continua o mesmo. Esse cara na ambulância vai para o hospital porque está doente, de repente pode até morrer. A vida deve mudar agora. Que eu consiga ficar com os pés no chão, lembrando sempre que isso é apenas um momento dentro de uma grande história. Eu não sou a seleção, eu estou na seleção. Teve gente antes de mim e vai ter depois." Fiquei ali olhando aquilo e estava muito emocionado com o que acontecia na minha vida. E profundamente agradecido.

De volta à Vila, tiramos centenas de fotos com outros atletas. Todo mundo queria ver a medalha. Eu pensava no Michael Jordan, que vi quando ele esteve na Vila um dia (o *dream team* se hospedou em um navio). Agora, eu tinha a mesma medalha que ele. No *Fantástico*, programa da rede Globo, meu pai entrou ao vivo dizendo: "Se os americanos têm o *dream team* deles, vocês agora se tornaram o *dream team* brasileiro."

Eu sabia que tínhamos feito história, com uma campanha irretocável: apenas três sets perdidos em oito jogos contra as maiores seleções do planeta. Participamos do desfile de encerramento e fomos superaplaudidos, puxamos um samba, curtimos o momento como os grandes momentos da vida devem ser curtidos. No desfile, vimos a dimensão de ser medalhista olímpico. Atletas de todas as nacionalidades queriam tirar fotos conosco.

Voltamos para a Vila tarde e entramos no prédio aos gritos de "Brasil! Brasil!". E tome mais festa, com os voluntários pedindo camisas e bottons. É uma galera muito legal que, em cada edição, é fundamental para que os Jogos aconteçam.

Fomos dormir e, no dia seguinte, já era hora de arrumar as malas. Eu e Maurício estávamos no quarto, cuidando dessa tarefa, quando entra o Joel Despaigne, o grande atacante cubano. Como eu disse, éramos todos amigos àquela altura. Na ilha dele, o craque tinha até me levado para conhecer a família. Ele nos pediu para ver a medalha. "Busco tanto essa medalha para o meu país", disse, sentado na cama, apertando o objeto do desejo de todo atleta. Os cubanos eram jogadores que tinham o objetivo da vitória como uma forma de superação, filhos de um povo sofrido. Ele estava triste por ter perdido, mas emocionado com nossa vitória. Eles cansaram de nos massacrar, mas viram nossa ascensão, nossa luta. Esse espírito combativo fez com que muita gente se encantasse com nosso time, inclusive aquele grande ídolo do esporte. A emoção dele ficou marcada na minha memória.

CAPÍTULO XIII
REGULARIDADE

Ginásios impecáveis, figurino hiperelegante com direito a gravata e sobretudo, uniforme imaculado, todos os detalhes trabalhados com a máxima seriedade. Eu começava a entender o que era, no nível dos clubes, trabalhar com a excelência.

Não havia precariedade no Brasil, mas, na Itália, eu compreendia o que era saltar do bom para o ótimo. Eu estava no Milan (Mediolanun Milano), que naquele momento era uma das principais agremiações esportivas do planeta. E a palavra-chave era profissionalismo. Atrasos eram penalizados com um percentual do seu salário e isso constava no contrato. A equipe tinha um americano; a comissão técnica, dois argentinos. E não interessava que eu tivesse sido campeão olímpico meses antes. Eu tinha que entrar na quadra e mostrar serviço, porque aquele era meu trabalho. Se eu fosse mal, teria que encontrar um jeito de melhorar. E não é assim em toda empresa? Quantos bons profissionais não ficam para trás porque se acomodam com o que já conquistaram?

Não tinha zona de conforto. Como acontece na carreira do profissional que quer crescer e vai preferir estar numa grande empresa, aprendendo, sendo cobrado, superando metas.

Pouco tempo antes, eu tinha voltado de Barcelona para o Rio. E eu não era mais tratado como quando tinha partido. Já no aeroporto, deu para sentir o clima. Tentei sair três vezes e não consegui, sendo puxado, tomando unhada, todo mundo gritando... Atendendo à segurança meus companheiros de equipe e eu tivemos que sair pelo estacionamento para escapar do cerco, em especial o das meninas. Nosso patrocinador tinha fechado com a Confederação Brasileira de Vôlei havia pouco tempo. Como não esperava que ganhássemos, não estavam preparados para aquela recepção. Tiveram que pedir carga extra de bonés para que exibíssemos a marca nas entrevistas.

O carinho, por onde a gente passava, era enorme. Isso não tem preço. Quando saí do Brasil, eu era um garoto quase anônimo, de 22 anos, e agora estava ali, no *Domingão do Faustão*, ao lado dos atores da próxima novela das oito.

Naquele tempo, ninguém tinha assessor disso, assessor daquilo... era meu pai e minha mãe que atendiam os telefonemas que não paravam de chegar. Eram convites para programas de TV, pedidos de entrevista, propostas comerciais...

O Brasil não tinha uma conquista importante em esportes coletivos desde a Copa de 1970. O brasileiro naquele momento sentiu orgulho, percebeu em nós um espelho das suas próprias potencialidades, da capacidade de construir soluções com base na criatividade e no empenho. A nossa versatilidade e as transformações que o Zé e a comisão técnica trouxeram foram valorizadas: o Negrão de oposto atacando pelo meio, o Carlão como ponteiro, bloqueando no meio, coisas que nunca tinham sido tentadas.

Fizemos história com componentes que podem ser levados para qualquer tipo de equipe dentro de uma organização, dentro ou fora do esporte, que queira um diferencial: inovação, comprometimento, união, respeito e fé no próprio potencial. É o que tento passar em cada palestra que faço. É um dia atrás do outro: enfrentar as dificuldades e acreditar que, toda vez que você encara um novo desafio, está se fortalecendo. Na vida profissional, é essa a luta das pessoas; nos campos e nas quadras, não é diferente. O atleta que quer ser bem-sucedido sai logo das dificuldades e foca nas possibilidades. Ele não fica remoendo, porque isso é perda de tempo; ele transforma os erros do passado em novas oportunidades.

Em um jogo da Liga, antes da Olimpíada, o Negrão, em um pedido de tempo durante um jogo no qual eu não estava nada bem, perguntou ao Zé se ele não iria me tirar. "O problema tá nele, tá jogando mal", ele disse, apontando para mim. Na hora, fiquei furioso e retruquei. "Então, por que você não ganha sozinho." E ele revidou: "Por que você está atrapalhando."; o Zé, sabiamente, saiu de banda. E tudo que eu precisava era aquilo. Quando voltamos à quadra, eu e o Negrão acabamos com o jogo. Esquecemos dos americanos e, a cada ataque bem-sucedido, berrávamos um para o outro, motivados pela raiva. Vencemos. Aquela cobrança foi muito eficiente. Aliás, a cobrança do grupo com o objetivo de ajudar é altamente produtiva dentro de empresas, na família e em qualquer ambiente. E foi exatamente isso que o Negrão conseguiu naquele dia. Mas, às vezes, bate na trave. Em 1990, éramos um time supertalentoso, mas sem experiência ainda. Chegamos na semifinal e, no momento decisivo, perdemos de 15-13 para a Itália no quinto set, com o Maracanãzinho lotado. Sofremos, vieram mudanças, mas conseguimos ter foco e resiliência. Na hora do principal desafio, o time estava forte. A cobrança do Negrão já mostrava o amadurecimento da equipe e o Zé sabia disso muito bem.

As tentações logo após a Olimpíada vinham de todos os lugares. E caímos em várias, claro. Muitos comerciais, muitas festas, reportagens especiais e até um álbum de figurinhas. Viramos paixão nacional.

E teve coisas engraçadas. Veio um pessoal da Varig com uma proposta para que eu fizesse um comercial, e eles me pagariam em passagens aéreas. Houve uma reunião à qual meu pai foi para negociar, e ele disse que não precisava de passagem, queria o pagamento em espécie. Eu olhei para ele assustado. O executivo respondeu que "até o Jô Soares fazia comercial nesse esquema". Meu pai olhou para ele firme e perguntou: "E o Jô Soares, por acaso, é campeão olímpico?" Quase tive um ataque do coração ali mesmo.

O mais legal talvez tenha sido inaugurar um ginásio com o meu nome em Porto Real (RJ), ao lado da minha terra, Resende. Até hoje está lá. Em Resende, aliás, fizeram um desfile com carro de bombeiro. Milhares de pessoas atrás da gente, a família toda emocionada, um monte de gente querendo chegar perto, tocar, um carinho enorme que o povo brasileiro nos deu.

Mas tudo durou, para mim, apenas um mês. Agora, eu estava morando em Milão. A festa tinha acabado.

Eu assinara o contrato com o Milan antes dos Jogos. E, quando assinei, já era praticamente contratado do Padova. Eu estava no escritório de meu advogado e o contrato estava sendo batido. Lembro que falei para o meu advogado: "Cara, estou assumindo um compromisso que pode ser muito legal, com um time jovem. Mas nós vamos brigar pelo quinto ou sexto lugar." E aí, toca o telefone: "Tande, tudo bem. Aqui é o Sandro Veneri, do Milan. Eu sei que o Padova está fechando com você e sei por quanto." Então, ele me propôs um valor bem maior para eu ir para a equipe dele. Disse que era uma grande oportunidade e que eu completaria o time como uma luva. "Veja, você vai jogar com Zorzi, Luchetta, Galli, você está vindo para o Milan!" Eu quase caí duro.

Era uma grande oportunidade mesmo, em termos esportivos e financeiros. Eu tinha 22 anos e não imaginava, no melhor dos sonhos, que seria dali a poucos meses campeão olímpico.

Pensei: "Mas que garantia eu tenho de que esse cara é quem ele diz que é e de que pode me oferecer isso?" O representante do Padova estava na sala ao lado. E o cara no telefone me oferecendo mais que o dobro para jogar no melhor time da Itália. "Se vocês quiserem, mando uma passagem de executiva para virem para cá agora." Era fevereiro e eu tinha compromisso com a minha escola de samba (a Mocidade Independente). Depois disso, fomos para lá. Tive que avisar ao representante do Padova que não assinaria mais com o clube. Contei sobre o telefonema e ele me disse que era impossível que o dirigente do Milan tivesse me oferecido isso. Não gostei. Ele estava duvidando da minha palavra. "Estou sendo honesto", falei. "Eu tenho mais chance de crescer com eles, mas acerto com você se me der condições semelhantes: um time e uma estrutura para disputarmos contra os melhores." Ele disse que não tinha condições de bancar o que eu pedia e aconselhou que eu tivesse cuidado com enganadores. Não pedi mais dinheiro, para a negociação não virar leilão. Meu intuito era ter mais chances de vitória. Optei pelo Milan e fui campeão mundial no clube.

Mas antes das conquistas no Milan, tive que passar por uma provação. Larguei a festa aqui no Brasil e parti para a Itália. No primeiro dia de treinamento, o presidente foi me receber. A imprensa estava lá. Troco de roupa e começo meu aquecimento, enquanto cumprimento as pessoas, recebo muitos tapinhas nas costas... O pessoal todo mimando o "campeão olímpico". Mas vamos jogar bola, né?

O levantador do time era só o Jeff Stork, americano, campeão olímpico em 1988. Jogo a bola para ele, que levanta para mim na frente da rede, bem na ponta. Eu ataco e, quando volto para o chão, bato com o pé esquerdo sobre uma espécie de proteção acolchoada que havia em volta do poste. Desabo no chão. A minha flexibilidade me salvou de coisa até pior, mas uma bola de sangue interna enorme foi crescendo no tornozelo esquerdo. Uma entorse tenebrosa. Na primeira bola que eu ataquei no clube. Eu me lembro do presidente falando que eu não tinha nem seguro ainda. "Estou morto! Vou ter que pagar tudo!"

Foi uma contusão complicada. Tive que me dedicar com muito afinco à fisioterapia. O correto teria sido voltar a jogar após três meses, mas eu apressei, com vontade de ajudar a equipe. Em um mês, entrei em quadra, jogando no limite. Mas não estava bem. E aí saiu uma matéria no *Corriere della Sera* dizendo que "Tande veio passear na Itália". "O campeão olímpico ainda está festejando sua conquista, veio apenas pegar um pouco de dinheiro na Itália." Fiquei arrasado.

Mas, como já contei lá atrás, consegui reverter. Tive apoio do grupo. E isso me ajudou a retomar a confiança e a vibração de sempre. Fomos campeões mundiais de clubes, em novembro de 1992.

O jantar de comemoração foi numa churrascaria brasileira, como uma forma de me homenagear. Levei minha irmã. Estávamos por lá quando chegou uma escolta e uma limusine. Sai de lá o Silvio Berlusconi, dono do Milan e do principal grupo de comunicação italiano, o Mediaset, e que logo depois se tornaria primeiro-ministro da Itália.

Ele já sai do carro perguntando: *"Dov'è il brasiliano?"* (Cadê o brasileiro?) Aí, veio até mim, me cumprimentou e disse que estava lançando uma linha de vinhos em homenagem aos campeões. E o *Corriere della Sera* começou a me chamar de *Lioni*. Definitivamente, eu tinha virado o jogo para encerrar um ano mágico.

Os tempos na Itália foram um momento muito especial para mim. Eu era campeão mundial e olímpico, aos 22 anos, e estava aprendendo o que era o mundo. Minha mãe, que tinha ido para Milão comigo, havia me ensinado a cozinhar uma massinha, algo simples, e voltado para o Brasil. Contratei uma filipina que não falava italiano e a gente se comunicava por gestos. Peguei o idioma rápido e, com o tempo, fiz vários amigos. Saía para jantar e ia sempre ao cinema.

Comprei um carro para viajar nas folgas e ficava admirando todos aqueles castelos. Percebi que eu, até ali muito focado nos esportes, começava a me interessar pela cultura do país. E vi aquilo como crescimento, algo para levar pela vida toda.

No último ano em que estive lá, 1994, levei meus pais para uma das viagens mais bacanas de minha vida. Saímos de Milão com meu carro e rodamos pela Europa. Eles preocupados em não gastar muito com hotéis e eu querendo dar o melhor para eles, como uma espécie de retribuição modesta por tudo o que eles tinham feito por mim. Passamos por Monte Carlo, demos uma volta de charrete. Meu pai sempre com o humor seco dele. "Está bom, vamos descer." E minha mãe dando bronca nele, aquela coisa de casal de mais de três décadas.

Fomos para a França, Carcassonne, cidade medieval lindíssima. Minha mãe encantada com o que via e eu feliz de poder estar proporcionando aquilo para eles.

Depois, fomos para Barcelona, revi a área da Vila Olímpica e tudo o que tinha sido feito por ali. Estava completamente diferente do que era dois anos antes. Aí meu pai se emocionou: "Você é parte do *dream team*. É o orgulho do Brasil." Eles tinham acompanhado tudo de longe e agora estavam no cenário da história que o filho deles tinha vivido junto com os seus companheiros.

Como foi bom e como é sempre bom poder fazer essa troca entre gerações onde quer que seja, em família, no trabalho... Como podemos aprender com as outras gerações e como isso acrescenta, completa o que a gente sabe. Já não tenho meus pais ao meu lado e eles fazem muita falta, mas ficou essa lembrança boa.

Eles me passaram valores que hoje eu tento passar para os meus filhos, apesar de o mundo ter mudado bastante. A Yasmin está com 19 anos, e o Yago, com 15. O nascimento desses dois foi uma coisa espetacular, o ápice da felicidade, melhor do que ganhar qualquer medalha do mundo. O parto da Yasmin eu filmei. Soube que ia ser pai, como sempre, na estrada, quando estava em Acapulco, em um torneio de vôlei de praia. O Giovane apareceu com um pacote e me entregou no meio da rua. "Abre aí que quero dar um presente para você." Eu abri e era um sapatinho de bebê. Olhei para ele e ouvi a notícia emocionadíssimo. "Você vai ser pai." Ele tinha atendido o telefone mais cedo e me deu a notícia daquele jeito. Fiquei tremendo.

Sou separado da mãe deles há sete anos. Estivemos casados por 15 anos. Agora, ela mora próximo do meu apartamento e os dois vão e vêm entre a casa dela e a minha.

Uma separação sempre é difícil para o casal e para os filhos, mas é preciso ter compromissos. Às vezes a gente coloca as dores e desavenças na frente de tudo. Mas é preciso ter muito respeito, porque nós, apesar de termos nos afastado, seremos pai e mãe para o resto da vida.

Temos guarda compartilhada das crianças, o que é a melhor coisa do mundo. De vez em quando, eles esquecem uma coisa aqui que precisam lá, ou vice-versa, mas no final dá tudo certo.

Como eu disse, tento passar valores que meus pais me passaram. Sou assumidamente rigoroso.

Às vezes as pessoas acham que ser um bom pai ou boa mãe é dar tudo, ser bonzinho. Eu cobro bastante porque sei que eles vão valorizar isso lá na frente. Dou limite, mostro a realidade, inclusive em relação à questão financeira. Tento prepará-los para o que realmente vão enfrentar na vida adulta.

A gente mora numa cidade que passa por um momento difícil, em um país que vive tempos complicados. Quando eles saem para as festas, é difícil dormir. Aos 12 anos, eu andava de ônibus pela cidade. Hoje, isso é muito mais difícil. Mas tem os motoristas de aplicativo, as coisas vão se reinventando. Eu tomo o cuidado de não ser superprotetor, mas acho que a gente tem que estar presente.

Quero que minha presença passe segurança, para que eles se sintam felizes e acolhidos, que eles saibam que quando se machuquem, quando tiverem problemas, podem contar comigo. Eu passei por isso e tive apoio, eles vão passar também. Nem sempre sei se estou no caminho certo, mas tento ser um exemplo. São coisas que a gente faz por amor, um amor que chega a doer e é o mais verdadeiro que existe no mundo. Eles são a minha máquina de vida, estão na raiz de tudo o que eu faço.

CAPÍTULO XIV
ZONA DE CONFORTO

Então, surgiu o projeto de repatriamento dos atletas que estavam jogando fora do Brasil. Eu, Giovane, Maurício, Negrão e Carlão fomos chamados e apresentaram o projeto para a gente. A ideia era que escolhêssemos um time para defender por aqui. Não foi uma conversa que tenha nos deixado muita opção. Era na base do "se vocês não voltarem, não vai ter projeto nenhum". Eu estava bem na Itália, mas topei para não pôr em risco o projeto, pela parceria, para mantermos coeso o grupo de 1992.

E nós sentíamos que as pessoas queriam que estivéssemos mais perto. O Brasil tinha um carinho enorme pela seleção e por nós, os jogadores. Queriam gritar "Brasil" com vontade. Tinha ficado um hiato por aqui com nossa saída. Os clubes não conseguiam manter a paixão acesa, porque os melhores atletas estavam fora. O risco era o público perder o interesse.

Nós havíamos assinado os nossos contratos com os clubes italianos antes de sermos campeões olímpicos.

Segundo a proposta, cada um deveria escolher um clube e eu disse que só viria se fosse para o Rio de Janeiro, minha casa, de onde eu estava longe havia tanto tempo. Então, assinei com o Flamengo.

De alguma forma, uni o útil ao agradável. O time não era dos mais fortes. Tinha bons jogadores, mas ficava ali pelo sexto lugar nos campeonatos e eu não tinha muito como evitar isso. Eu saía, curtia os amigos, a família. Mas, em termos profissionais, eu estava jogando num nível mais baixo. E aí você começa a entrar na zona de conforto e ser menos competitivo. E eu sou competitivo até no Cachorrada Vip do Faustão (fui campeão em 2010, com o Zack, meu cãozinho maltês). Essa é uma característica minha e acredito que seja importante no mundo do trabalho, independentemente da função que você exerça. É dar o melhor, competindo consigo mesmo e com os outros profissionais, pois eles podem ajudar você a se desafiar. No Flamengo, depois da experiência na Itália, a zona de conforto foi inevitável, porque se ganhássemos, ótimo, se perdêssemos, não tínhamos os investimentos que os melhores clubes tinham.

Imagine um profissional que aceita uma oportunidade de trabalho cujo salário é até bom, mas que não exige dele profissionalmente como na empresa em que trabalhava antes com profissionais mais ou menos do mesmo nível dele. Este profissional deixa de aprender, de traçar metas ambiciosas. Ao sair da Itália, abri mão desse tipo de convívio, que poderia me dar um caminho de crescimento profissional mais positivo como atleta.

O projeto tinha o objetivo de favorecer o crescimento do vôlei nos clubes. Enquanto isso, a seleção estava no auge, já que era uma geração preparada para atingir todo o seu potencial em 1996. Havíamos ganhado a Liga Mundial em 1993. Eu era jovem, mas já tinha experiência. Já sabia lidar melhor com os momentos de decepção e me reinventar.

Não fomos bem no Mundial, em 1994, quando ficamos fora das semifinais. E, em 1996, quando chegaram as Olimpíadas de Atlanta, as coisas ficaram mais difíceis. Tínhamos problemas de contusão e uma pressão grande nas nossas costas. Esperava-se muito de um time que estava na idade ideal, mental e fisicamente. Só que tínhamos queimado etapas e já tínhamos atingido nosso ápice enquanto equipe.

Entrando na Vila Olímpica, fomos chamados pelo presidente da Confederação Brasileira de Voleibol, Carlos Arthur Nuzman, para uma reunião. "O mundo inteiro está querendo saber sobre a seleção brasileira de vôlei. Vocês são referência e queremos que sirvam de exemplo e continuem focados." Aquilo só aumentou nosso compromisso e nossa cobrança pessoal, que já era bem grande.

Nós éramos um dos favoritos e tínhamos condições de brigar. Mas o fato é que tivemos dificuldades pelo caminho. No período posterior ao nosso título olímpico, a vida de cada um de nós tinha se transformado muito. O garoto de Barcelona agora estava com 26 anos, tinha vivido a fama, morado na

Itália, adquirido outros interesses. O mesmo tinha acontecido com todos os outros jogadores principais da equipe.

Na nossa estreia, o Carlão ficou de fora e nós sentimos muito a ausência do nosso capitão. Um jogo difícil, contra a Argentina. Três a um para eles. No segundo, outra derrota, dessa vez para a Bulgária. Parecia que estávamos acabados. Perguntaram ao Julio Velasco, técnico da Itália, se ele considerava que estávamos mortos. Ele disse que não acreditava nisso.

O jogo seguinte foi contra os Estados Unidos, um timaço que estava jogando em casa. Quem ganhasse se manteria na competição. Jogamos muito e vencemos de 3 a 0. O time começava a crescer de novo ali. Fizemos mais um 3 a 0 contra Cuba e nos classificamos em segundo no grupo — o que não estava nada mau para quem tinha renascido das cinzas.

Fomos para as quartas de final contra a Sérvia, uma seleção que conhecíamos muito pouco. E vimos ali que o voleibol estava mudando. Eles abriram dois sets com muita vantagem (15-6 e 15-5). Ainda reagimos e empatamos em 2 a 2. Mas eles estavam mais fortes e fecharam o quinto set em 15 a 10. Doeu muito.

Nós estávamos preparados e crescemos na competição. Mas a trajetória daquela seleção foi mais complicada, um trabalho mais difícil para a comissão técnica, comandada novamente pelo Zé Roberto. Tínhamos mais exigências — o que é normal em um grupo de profissionais que tinham atingido um certo patamar de conquistas — em relação a questões como voos, hospedagem... Seria injusto dizer que nos preparamos mal, mas tivemos obstáculos. Além disso, sentimos a falta do Carlão, com aquele espírito guerreiro dele. O vôlei tem ciclos. E nas seleções brasileiras, se você fica em terceiro, ou em segundo, vai ser cobrado. É preciso sempre achar que pode dar mais um pouco. Isso é legal. Ficamos acostumados a trabalhar na busca da excelência, a um nível de cobrança alto, a não aceitar passivamente as derrotas e buscar a reciclagem, que aconteceu a partir dali.

Tivemos uma reunião de despedida, com agradecimentos, sem ninguém ter ficado magoado com ninguém. Alguns mais tristes que os outros, mas sem mágoas. Cada um foi cuidar da sua vida.

Nessa época, o Giba estava chegando, um menino que fazia tudo muito bem. O Nalbert também, ele passava muito. Aí, em um jogo, eu estou me encaminhando para sair do ginásio e ouço uma menina me gritando, desesperada: "Tande!!!" Tinha sempre umas meninas que, nas saídas dos ginásios, ficavam por ali nos chamando. Existiam as tandetes, as mauricetes, as negretes, as giovanetes...

A gente sempre tirava fotos com elas, dava autógrafos, retribuía o carinho. Então, fui até essa menina. Chego perto e, em vez de ela dizer "meu ídolo", "lindo", e aquelas coisas boas que eu costumava ouvir, ouço um pedido: "Chama o Giba pra mim?"

Aquilo ali me deu um clique. Vi que estava entrando um cara mais jovem, fazendo uma concorrência leal a mim, bonito, cabeludão, jogando muito...

Depois de jogar no Brasil, na Itália e de participar de duas Olimpíadas, estava na hora de me reinventar. O Giovane sabia que eu brincava na praia e já tinha me falado sobre fazermos uma dupla, comentamos várias vezes do crescimento do vôlei de praia. Eu estava amadurecendo a ideia. É uma decisão difícil. Mas a menina chamando pelo Giba foi para mim o sinal de que o momento tinha chegado.

CAPÍTULO XV
A PRAIA: REINVENÇÃO

Eu adorava a praia. Ainda nos Estados Unidos, comprei tudo o que precisava para começar a treinar. Tande e Giovane eram marcas fortes. E uma boa aposta esportiva. Jogávamos juntos desde a década anterior. Não nos faltaria entrosamento.

No entanto, era preciso uma reinvenção geral. Pense na dupla como a equipe de sua empresa. De alguma maneira, a responsabilidade do profissional na praia é maior, porque você simplesmente não pode ser substituído se estiver em um dia ruim. E, claro, em qualquer ambiente de competição, o seu adversário vai explorar o ponto fraco. Isso é parte do jogo. Se isso acontece, você precisa controlar o seu constrangimento diante do parceiro e fazer o melhor possível. Tem muito de estratégia na praia que é muitas vezes imperceptível para quem está de fora e não conhece mais a fundo o esporte. Olhar o jogo do adversário, explorar as fragilidades... E tudo isso, muitas vezes, sob o calor de 40°C, no sol, jogando várias partidas por dia. Ou seja, a tarefa é manter o raciocínio afiado nas condições mais adversas.

Em qualquer tarefa em equipe com que esbarramos na vida, ter confiança no parceiro é fundamental. Mas, no vôlei de praia, é preciso confiar no teu colega de trabalho completamente. Ele levanta e, quando você vai pro ataque, ele observa a movimentação do adversário e "canta" a melhor jogada para você, que não pode tirar o olho da bola. Ali, é o exercício da parceria no mais alto grau. Na praia, consegui formar duplas vencedoras com base nisso. Comecei com o Giovane, depois veio o Emanuel, o Pará e, em seguida, o Franco. Joguei com o Loiola um pouquinho e, por último, com o Benjamin.

Para começar, o convívio é quase *full time*. No circuito mundial, você passa três meses fora de casa, uma semana em cada país. Em um time do vôlei de quadra, você pode bater papo com dez atletas diferentes, na praia é apenas você e seu parceiro. Ele é seu time e seu amigo, três meses ao seu lado em todos os lugares, a despeito de quaisquer diferenças. O Giovane, por exemplo, acorda cedo e assobiando; eu quero sempre dormir um pouco mais.

Não acredito que se formem grandes duplas, seja em que trabalho for, em que a amizade não seja uma das bases. Na verdade, até podem se formar, mas têm prazo de validade curto. As duplas do vôlei de praia ilustram isso à perfeição. Se pegarmos um histórico dos times, no momento em que tiveram início os desentendimentos por vaidade, premiações ou pelo desgaste que o tempo sempre traz às relações, o sucesso desapareceu.

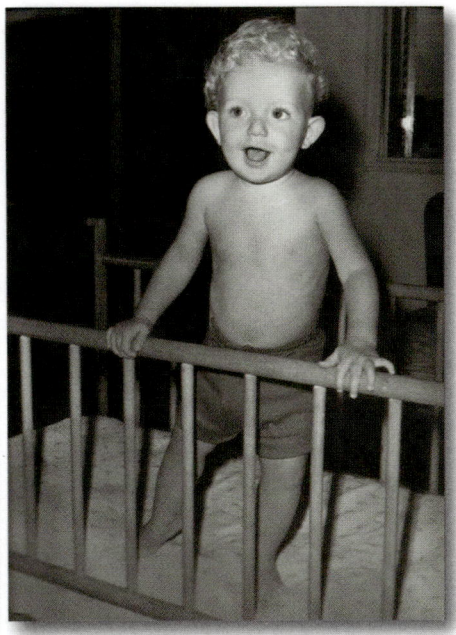

Na infância, com meus irmãos e com nossa mãe querida.

Ao lado, meus amores Yasmin e Yago com meu pai. No alto, Celo e eu com nossa maior referência, o grande Samuca. Acima e na próxima página, meus bens mais preciosos.
Tudo que eu faço na vida é por eles.

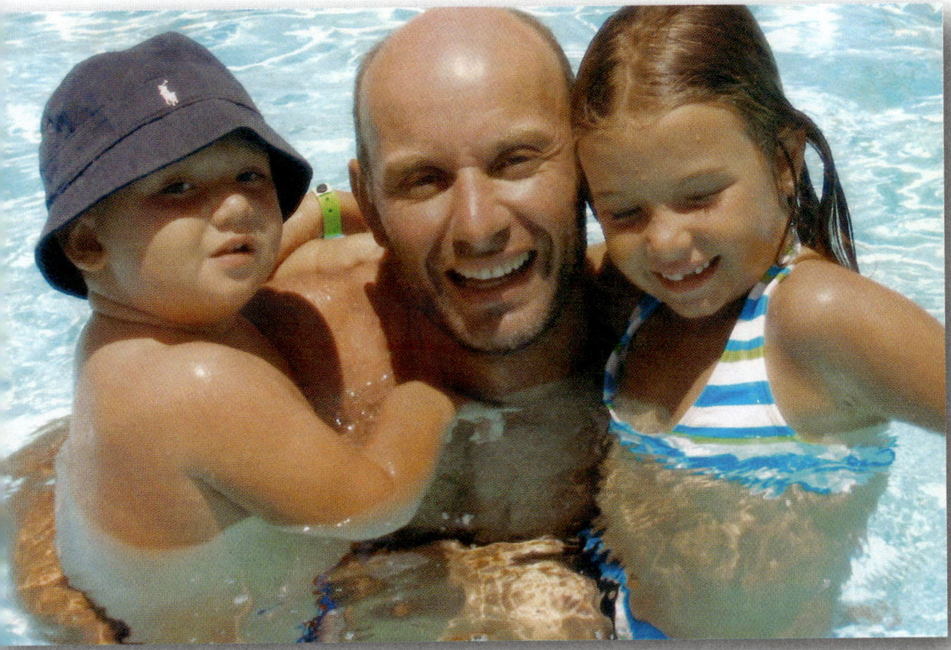

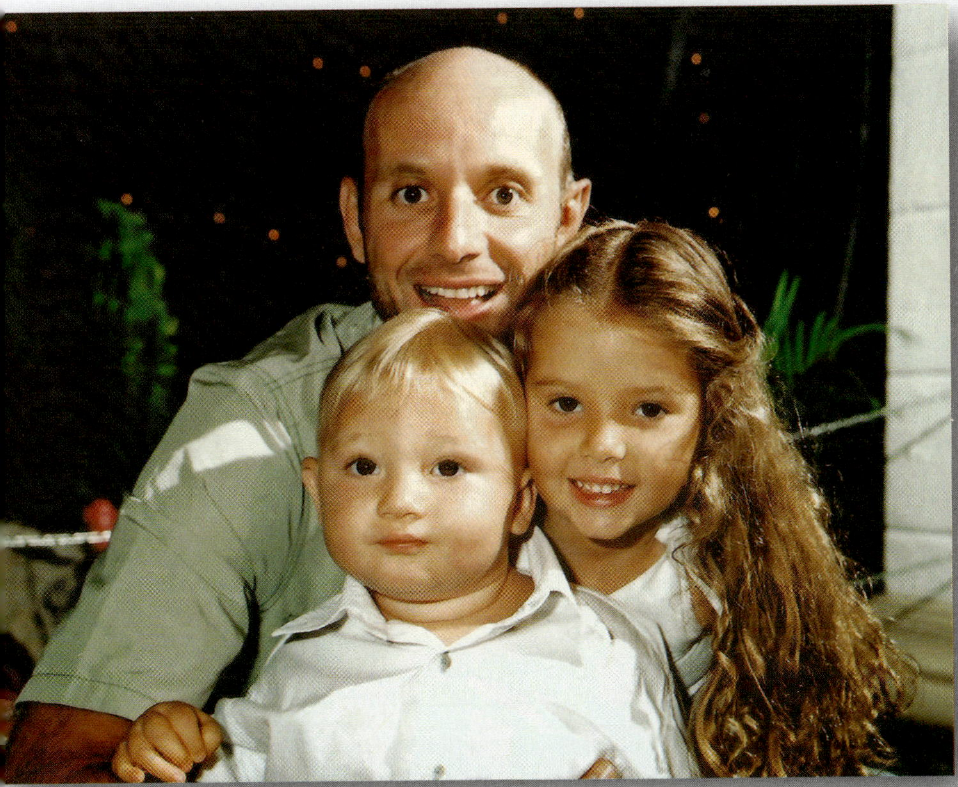

Nana e eu sempre tivemos o apoio e a torcida dela. Minha amada mãe Maise foi nossa maior inspiração.

Aqui, já jogando pela seleção, em Barcelona 1992.
No alto, junto com amigos que tenho até hoje, no Botafogo, onde tudo começou.

Pódio olímpico. Momento de grande emoção para todos nós que conquistamos a primeira medalha de ouro do Brasil em esportes coletivos. Essa é a conquista que todo atleta almeja. Um sonho realizado!

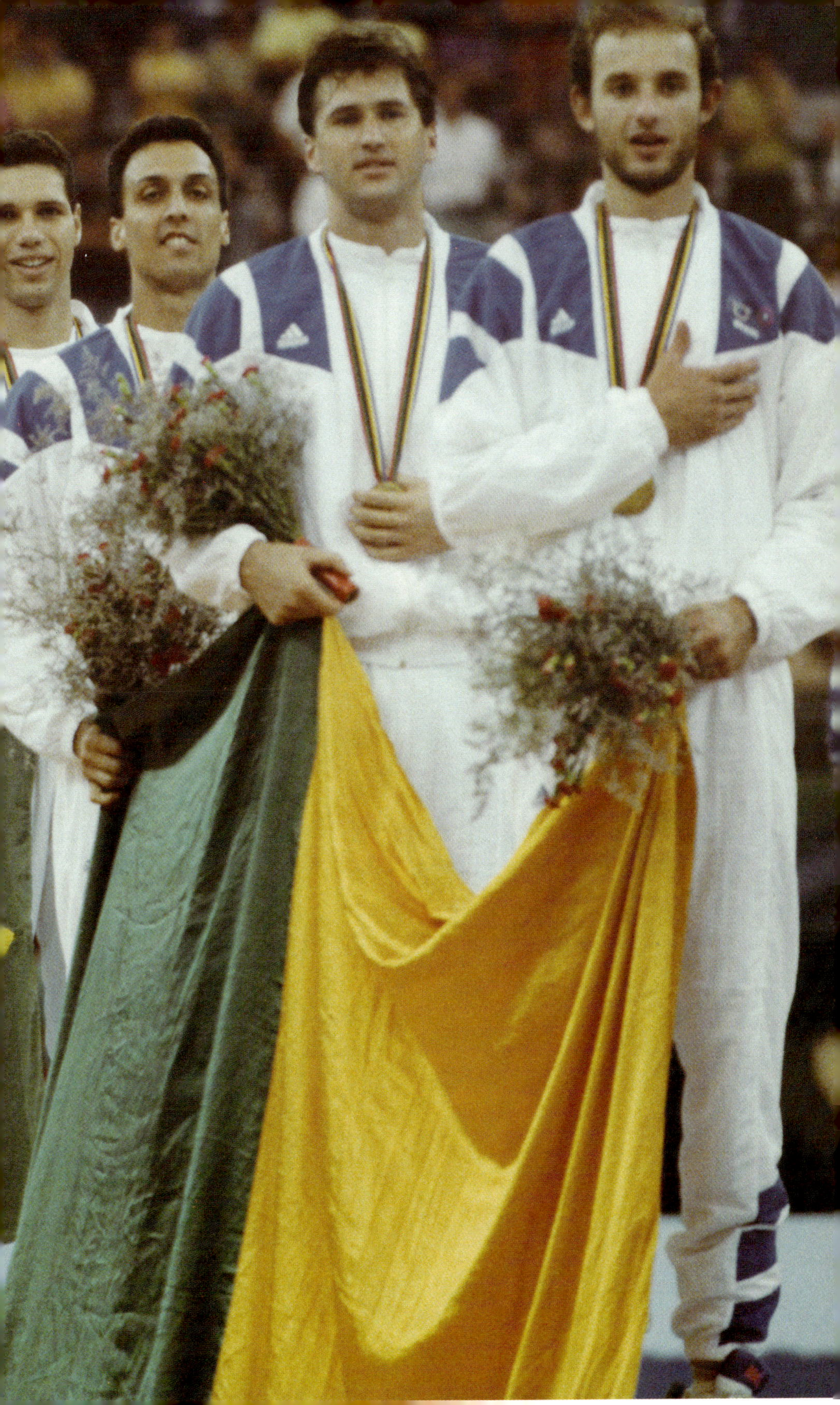

Comemoração do título olímpico em 1992. Esta aí, com todos os jogadores e a comissão técnica, é uma foto que ficou para a história.

Momentos da quadra de que sinto saudade.

Sempre vibrei muito. Era conhecido por ter garra, chamar a torcida.

Com meu grande amigo e parceiro de seleção e vôlei de praia Giovane Gávio, o Gigio.

Tande ganha o título de rei no vôlei

Em um ano e meio atuando na areia é a segunda conquista do jogador. Paulo En

Carlos Orletti

● A areia está fazendo muito bem a Tande. Há pouco mais de um ano e meio jogando no vôlei de praia, ele conquistou ontem o segundo título importante na modalidade ao vencer o torneio King of the Beach (Rei da Praia), disputado na arena na Praia de Ipanema pelos 16 melhores jogadores do ranking nacional. Em dezembro, Tande conquistara o título do Circuito Brasileiro, ao lado do companheiro de dupla Giovane.

Dos 16 jogadores, quatro chegaram à última etapa com chances. Além de Tande, ainda estavam na luta Ricardo, Paulo Emílio e Lula. Tande conquistou o primeiro lugar vencendo os três jogos que disputou ontem no rodízio de duplas, já que neste torneio não existem equipes fixas e os parceiros mudam a cada partida. Em segundo lugar ficou Paulo Emílio, em terceiro, Lula e em quarto, Ricardo.

Festejado pela mulher, Lisandra Souto, e pela mãe Mayse, Tande, 28 anos, preferiu a humildade na hora de explicar seu segundo título no vôlei de praia.

— Não ganhei nada sozinho, os meus parceiros me ajudaram muito — disse.

Campeão fica chateado com tiroteio próximo à arena

No total, desde sexta-feira, Tande jogou nove vezes, vencendo seis e perdendo três. Na primeira partida de ontem, ele formou dupla com Lula na vitória de 15 a 10 sobre Paulo Emílio e Ricardo. Depois, com Paulo Emílio, saiu vitorioso sobre Lula e Ricardo, pelo placar de 15 a 9. No confronto decisivo, tendo Ricardo como parceiro, chegou ao título de rei da praia derrotando Paulo Emílio e Lula por 15 a 11.

— No primeiro jogo, foi essencial para a vitória o saque do Lu-la. No seguinte, dei sorte de já ter jogado uma vez com o Paulo Emílio na sexta-feira e o entrosamento foi bom. No final, o fato de eu e o Ricardo sermos altos e de ele ter jogado com vontade, mesmo não tendo mais chances, foi fundamental para mais uma vitória e o título — elogiou Tande, campeão olímpico na quadra com a seleção brasileira nas Olimpíadas de Barcelona, em 1992.

Abraçado por Shelda, que conquistara o Rainha da Praia no domingo anterior, Tande ficou chateado com o tiroteio entre policiais e assaltantes, próximo à arena. Ele acabara de vencer o segundo jogo e estava tomando banho no chuveiro, perto da rua.

— Vi crianças e pessoas idosas se jogando no chão para se protegerem. Acho que isso só vai acabar no dia em que houver um desarmamento geral e ninguém estiver mais de posse de armas, além dos policiais.

Desafio Brasil x Estados Unidos começa na quinta-feira

Esta semana o vôlei de praia muda de endereço. De Ipanema vai para a arena de Copacabana, onde será disputado o Desafio 4x4 entre Brasil e Estados Unidos. São duas quadras masculinas e duas femininas e os jogos começarão na quinta-feira e vão até domingo. Os dois times brasileiros masculinos terão a seguinte formação: Tande, Giovane, Carlão e Paulo Emílio, e Emanuel, Loiola, Guilherme e Pará. As femininas terão Adriana Samuel, Sandra, Shelda e Adriana Behar, e a outra com Jacqueline, Mônica, Gerusa e Adriana Bento.

Na quarta-feira, a Confederação Brasileira de Vôlei divulgará o calendário completo do Circuito Banco do Brasil de vôlei de praia deste ano. Serão 12 etapas com início na praia de Santos, na terceira semana de março. ■

TANDE, COM O CHEQUE e a placa pela conquista do título de Rei da Praia,

Fui o primeiro a receber o título de Rei da Praia.

Campeão mundial do vôlei de praia com Emanuel.

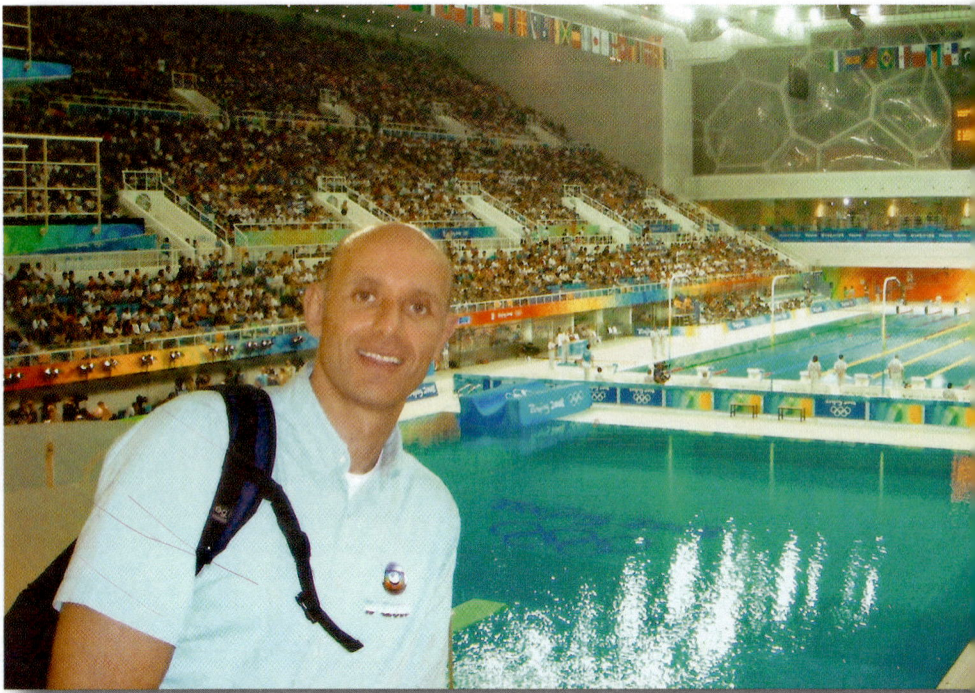

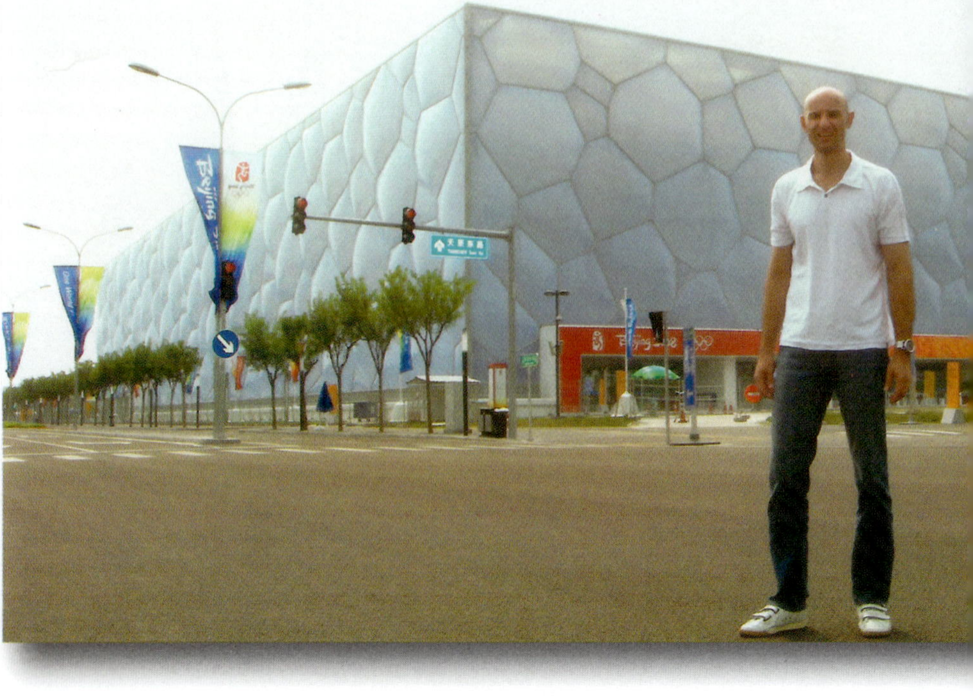

Outra parte da minha reinvenção. Jogos Olímpicos de Pequim, em 2008, já como comentarista esportivo.

A reinvenção é a tônica da minha vida. Eu me tornei palestrante para inspirar pessoas, fazer com que elas acreditem no seu potencial.

O vôlei de praia deixa muito explícito quem é o cara que joga para o time, que vê o seu rendimento como o rendimento para a equipe e não para ele apenas, e quem é o péssimo parceiro.

O ser humano tem uma tendência natural a culpar os outros por seus problemas, falhas e erros. Quando nos deparamos com certas situações, nunca olhamos para dentro em busca da resposta. A primeira defesa é atacar o outro. No vôlei de praia, se a relação não está encaixada, o cara que erra o ataque vai dizer que a bola não foi levantada com eficiência, que não foi "ajudado", que o parceiro "cantou" errado... Culpar o outro — seja abertamente, ou praticando o que eu chamo de "falsa humildade", que é quando você não fala abertamente, mas pensa e age como se a responsabilidade dos problemas fosse sempre de alguém e não sua. Esse é um processo de autodefesa bastante humano, mas que, no final, é pernicioso para o seu parceiro de trabalho, para o seu time e, principalmente, para você mesmo, que perde a chance preciosa de aprender com os erros.

Aprendi que em parcerias tão próximas como as de uma dupla de praia, o mais importante é o respeito e a aceitação das diferenças, da personalidade e do comportamento de cada um. Parece uma solução simples, mas estar atento a isso faz toda a diferença. As grandes duplas são as que têm atletas com essa sensibilidade. Em jogos importantes, sob uma tensão absurda, a forma de se dirigir ao parceiro vai fazer toda a diferença. Falar na hora certa, saber escutar, ficar calado se não valer a pena esticar um determinado assunto... Tudo isso é uma grande arte. O Emanuel, o maior campeão da praia de todos os tempos, foi um parceiraço para mim. Ele me ajudou a aprender muita coisa sobre a praia. É um atleta formado na areia e via meu esforço de reinvenção, lutando contra o vento, o sol, a chuva, pegando o jeito de me deslocar na areia. Franco, Loiola e Benjamin eram caras que sabiam trabalhar com o vento, sabiam como ocupar espaços. Era muito bacana aprender com eles essas técnicas.

Eu vim com patrocínio, estrutura, coisas que alavancaram o esporte, mas tinha que baixar minha guarda, abrir as minhas dificuldades e lidar com cobranças e críticas. Mas a reinvenção deu certo e conquistei vitórias importantes também na praia, como o título do Circuito Mundial de 2001, ao lado do Emanuel.

O vôlei de praia também me deu o aprendizado da administração. Você é dono do time. Tem que contratar um técnico e saber trabalhar, seguindo a orientação do seu contratado. Você paga um profissional para cobrar você! Ele é o comandante e o comandado. Teve horas em que a vaidade me fez pensar em mandar alguns treinadores embora. "Não preciso dessa cobrança!" Mas conseguia sempre pensar duas vezes. Compreendi que se você não se despir da vaidade, se o treinador não ficar à vontade, não há a menor chance de ele te ajudar. Quantos profissionais dentro de uma empresa acabam não conseguindo dar a sua colaboração da forma como poderiam por serem tolhidos pela vaidade ou incompreensão de gestores? Muitos não querem dar o braço a torcer, mesmo em temas em que sabem muito menos do aquele profissional especializado que é capaz de indicar o caminho certo.

O técnico funciona como um consultor na empresa. A dupla são os executivos, os caras que vão para o mercado atuar e resolver as situações. O técnico é o cara que observa como aquele empreendimento está funcionando e conhece uma série de ferramentas que podem ajudar a empresa a ser mais eficiente.

E ainda há o papel do apaziguador, o moderador que vai intermediar os momentos de discordância da dupla. Nesse caso, o técnico está trabalhando como o pessoal do Conselho de Administração. Ele vai ser encarregado de cobrar, de pedir paciência, de resgatar o jogador que não está rendendo para a dupla. Precisa de muita sensibilidade para não errar a mão e afundar mais ainda o jogador.

O vôlei de praia ilustra a urgência da vida contemporânea. Se você perde uma partida e vai para a repescagem, não dá tempo de esfriar a cabeça, de refletir, nada disso. O jogo da repescagem, do qual depende a continuidade do seu projeto, vai ser dali a meia hora. É preciso reinventar o jogo, recuperar energias, improvisar, encontrar saída... São, muitas vezes, quatro jogos em um dia. E ainda é preciso observar os jogos das outras duplas, assim como eles observam o seu.

Não há refresco para campeão olímpico, pelo contrário. Os "ratos de praia", no começo, gostavam muito de ganhar da gente. Era aquela coisa de demarcar território, atávica no ser humano.

E a logística? Não tem dirigente para ajudar. Uma vez, eu e o Emanuel íamos para uma etapa do Mundial em Montenegro. Eu vi o nome da cidade e pensei: "Vamos para Frankfurt. De lá, para a tal cidade." Não me lembro o nome da cidade, mas não esqueço o sufoco.

Quando chegamos no aeroporto, era uma cidade linda, mas as placas não ajudavam a gente a se localizar. Fomos perguntar no balcão e descobrimos que estávamos em outro país. Era a Bratslava, capital da Eslováquia, mas tínhamos que ir para a Sérvia! República errada. Não havia mais voo e tínhamos que chegar no dia seguinte ao torneio. Viajamos 11 horas de carro para Belgrado, dormimos num hotel bem ruim e pegamos o voo para Montenegro no dia seguinte. Sorte minha que era o Emanuel ao meu lado, um cara tranquilo, muito sensível. E que o Leão, nosso técnico, não se incomodou em dirigir por todo esse longo percurso, junto com o nosso preparador Menguinho.

Eu, assim como o Giovane, tive uma dificuldade muito grande para começar. Nosso sonho era ser campeões olímpicos, ou ao menos medalhistas olímpicos, vindo da quadra e jogando na praia. E eu tive a possibilidade de realizar o sonho em parte, porque fui campeão mundial (2001), tricampeão brasileiro (1998, 2001 e 2004) e Rei da Praia (1999).

Eu e o Giovane tivemos sucesso logo de saída, mas perdemos várias também. Era difícil jogar contra caras que cresceram jogando na praia. O Zé Marco, vice-campeão olímpico, ficava esperando até o último momento para ver a sua posição e dava uma largadinha aqui, outra ali, te tirando da bola... Eu e o Giovane éramos altos. Giovane era um grande bloqueador; eu fazia o fundo de quadra. Mas, na praia, o cara jogava a bola por cima do bloqueio, fazendo os gigantes correrem. Eu ficava louco!

Os jogadores do circuito, de início, viram a gente como rivais que chegavam cheios de estrutura para tomar o espaço deles. Era um raciocínio equivocado que logo abandonaram.

Todos viraram nossos amigos. Foi um momento muito bacana para o vôlei de praia, com patrocínios, investimentos e foco da mídia. Nossa presença ajudou a trazer isso tudo. Eles perceberam que estava melhorando para todo mundo.

É extremamente importante para um ambiente de trabalho — qualquer ambiente de trabalho — a percepção de que quando chega alguém de fora não é para "tomar o espaço" e, sim, para somar esforços em prol da organização. Eventualmente, essa nova conformação vai levar a mudanças na sua forma de trabalhar, mas isso não é necessariamente negativo. Talvez possa ser o que precisava para sair da zona de conforto. Enfim, mudanças não são algo que devamos temer. Reinventar-se é a palavra de cada dia no mundo em constante transformação em que vivemos hoje.

Nosso processo de adaptação foi bem planejado. Entramos no final da temporada de 1997 para poder "apanhar" tranquilamente. Começamos dentro de um campo, longe da praia, com o Marco Freitas e o Menguinho (preparafor físico) nos treinando, para que ninguém visse esse início de adaptação. Depois, fomos para a praia. A areia pesada e o vento se tornaram nossos grandes inimigos. Mas conseguimos superá-los. Tanto que já no ano seguinte, ainda com o Marco Freitas, ganhamos o Campeonato Brasileiro. Três anos depois, comandados pelo Antonio Leão, eu e Emanuel vencemos o Brasileiro e o Mundial. Outro treinador importante na minha trajetória pelo vôlei de praia foi o Ed, Ednilson Porangaba. Com ele, eu e Franco fomos campeões brasileiros e vice-campeões mundiais.

O começo, no entanto, foi dureza. Nos primeiros campeonatos de que participamos, os jogadores de praia que tinham muita habilidade às vezes ameaçavam atacar e passavam até com a cabeça, pra tentar nos desmoralizar. Tivemos que deixar a vaidade de lado. Não foi fácil. Mas quando tinha etapa no interior, com quadras dentro de shoppings, por exemplo, a gente ia bem porque a areia era mais firme e tinha menos vento, se assemelhava às condições das quadras. Começamos a ganhar várias etapas.

Aí, depois, pegamos o jeito de, pelas bandeiras, "ler" o vento e saber onde sacar.

Quando fomos jogar o circuito mundial, começamos a enfrentar o *qualifying*, um sistema cruel. Os países que têm mais duplas — e naquela época éramos nós e os americanos — disputam entre si antes de entrar na chave principal. É a chamada *country cota*. A ideia é não ficar muitas duplas de um mesmo país, mas isso às vezes penaliza bons atletas.

Então, havia torneios em que jogávamos três, quatro partidas do *country cota*. Depois disso, havia o *qualifying*, com mais uns seis jogos, para só aí chegar ao torneio principal. Se você chega à final, terá jogado umas 12 partidas em menos de uma semana. Durante três meses, uma semana em cada país, com jogos, muitas vezes, de terça a domingo.

Eu e o Giovane tivemos muitas dificuldades e não ganhamos nenhuma etapa do circuito mundial. Aqui no Brasil, jogávamos contra os brasileiros que se davam bem lá fora, mais experientes, e os derrotávamos quando íamos para os pisos menos "fofos". Assim, fomos campeões brasileiros.

Depois comecei a gostar de chuva, de vento. Quando o vento estava a meu favor, eu enfiava a bolacha no saque, no fundo, dificultava muito o adversário. Melhorei tanto que, em 1999, ganhei o título de Rei da Praia. Era a primeira vez que esse torneio estava sendo realizado. Nele você não tem um parceiro fixo e precisa ter bastante habilidade para se adequar depressa às novas configurações e não ser eliminado. Estive em seis duplas, tendo que me adaptar à velocidade de jogada de cada um, a alturas diferentes de bloqueio e até a variação de posição, pois ora estava na rede, ora no fundo da quadra. Sair campeão do Rei da Praia foi uma conquista e tanto.

Mas aí, um pouco depois dessa época, eu e o Giovane fomos chamados para tentar ajudar a seleção na quadra. Não tínhamos nos classificado para a Olimpíada no vôlei de praia e nos juntamos ao grupo quando faltavam três meses para a estreia. Olhando para trás, não parece uma ideia muito boa, mas pensei: "Vai que conseguimos ser bicampeões olímpicos?" Não se desperdiçam oportunidades como essas. Aceitei o desafio. Era uma geração muito talentosa, com caras como Giba, Nalbert e Gustavo, Radamés Lattari e Alemão (meu cunhado) na comissão técnica.

No entanto, paguei um preço muito caro. O corpo estava acostumado à praia. O impacto na coluna é menor do que na quadra. E a coluna começou a travar. Cheguei na Olimpíada arrebentado, mas consegui ir.

No final, a equipe não foi tão eficiente, jogou abaixo do potencial, e terminamos o torneio em sexto. Faltou maturidade, e muitos jogadores se sentiram incomodados com a nossa presença, sem ter participado do ciclo completo. Eu estava louco para voltar para a praia. Giovane ficou e foi bicampeão olímpico com os meninos, em 2004.

Depois da Olimpíada, para mim, foi o momento de grande encantamento com o vôlei de praia. Eu tinha aprendido a jogar, estava mais maduro, e me uni a um cara superconceituado que vinha de um momento triste. Emanuel formava com Loiola a dupla favorita para a medalha de ouro olímpica em 2000, mas eles foram eliminados na segunda rodada.

Os Jogos Olímpicos não tinham sido bons nem para mim, nem para ele, e começamos nossa história juntos. Não poderia ser melhor. Em 2001, fomos campeões brasileiros e mundiais. Ganhamos cinco das 12 etapas do Mundial.

Ele me ensinava os segredos de jogar vôlei na praia e eu passava a ele minha experiência, ajudando-o a lidar com a ansiedade. Emanuel precisava exatamente disso. Com a experiência de três Olimpíadas, vitórias e derrotas, eu o ajudei a lidar com a frustração, a saber se relacionar melhor com a parceria.

Ele demorou a se sentir à vontade para me fazer cobranças. Só falava coisas positivas, mas as críticas também são necessárias. Nem sempre eu o acompanhava; ele tem uma facilidade impressionante para saltar na praia. Eu lembro que, às vezes, quando eu não estava bem, ele colocava a toalha na cabeça e era como se quisesse gritar: "Me ajuda. Vamos!"

Na França, uma vez, saímos perdendo de 21 a 10 no primeiro set. Whitmarsh, o cara do outro lado, jogador dos EUA, parecia dez pessoas, bloqueava todos os meus ataques. Eu casei com o bloqueio dele. Lembro que o Emanuel me deu uma dica. Eu disse: "Tá bom!" Aí me concentrei e percebi que ele sempre bloqueava para o lado oposto ao da direção em que eu subia para bater. Resolvi bater para a direção em que eu estivesse atacando. E acelerar o jogo, para não dar tempo de o cara montar o bloqueio e eu atacar. E como os caras não eram acostumados com saque chapado — só "viagem" – tentei essa variação. Deu tudo certo. Acabamos com o jogo. Eu fiquei muito feliz porque via que estava amadurecendo, que tive a paciência de esperar por aquele momento e entender, então, as armas que eu poderia usar.

Eu e o Emanuel tivemos uma parceria bacana, de muito respeito e admiração mútua, cada um com seu estilo e com muita eficiência. Creio que contribuí para o amadurecimento psicológico dele, ajudando-o a saber lidar melhor com a pressão e com o favoritismo.

Depois, a vida seguiu. Ele foi jogar com o Ricardo, formando uma dupla muito forte, a melhor de todos os tempos do vôlei de praia na minha opinião, e se sagrou campeão olímpico em 2004.

Joguei um pouco com o Loiola, mas era um momento em que estávamos sem o foco necessário para ter sucesso, depois formei uma dupla de dinossauros com o Franco. Era um time chato, com muita experiência. Fomos campeões brasileiros e vices no Circuito Mundial no mesmo ano. Posso dizer que fui o único jogador vindo da quadra a colecionar esses títulos. E muita gente boa passou por essa experiência.

A praia me deu uma vivência que foi espetacular: a da liberdade. A quadra tinha feito com que eu abrisse mão da convivência com a família por muito tempo. As concentrações em excesso matam as pessoas jovens e levam inclusive a aposentadorias precoces.

Olhando para trás, percebo que poderia ter curtido um pouco mais com a família, sem que isso tivesse prejudicado meus treinamentos. A praia representou para mim uma espécie de libertação, a conquista de uma autonomia que me faltava na quadra. Eu podia estar na piscina do hotel brincando com meus filhos pela manhã e jogar uma partida à tarde.

Mas já era hora de buscar outro caminho mais uma vez. Os sinais aparecem. Eu estava jogando com o Benjamin. Fomos para uma partida contra uma dupla americana, estávamos voando e, de repente, quando fui para receber um saque curto, senti o joelho.

As duplas americanas sabem como ninguém usar a parte tática do jogo. Repetiram o saque curto. Doeu de novo. E foi um atrás do outro e muitos pontos perdidos, enquanto eu sentia meu joelho inchar. Depois, constatou-se que os anos dedicados ao esporte de alto rendimento haviam provocado um desgaste na patela. Eu teria que operar.

Naquele momento, eu vivia um momento de grande alegria, porque o meu treinador era ninguém menos que o Bebeto de Freitas. Aquilo parecia o fechamento de um ciclo e encarei como um sinal de que seria oportuno encerrar a carreira esportiva por ali.

Bebeto tinha vindo para a praia treinar nossa dupla. Não era mais presidente do Botafogo e ainda não tinha ido para o Atlético. Como tinha ficado muito tempo afastado do vôlei, a praia virou um caminho em que ele ainda poderia apostar. O filho dele, Rico, também chegou a treinar com a gente. Hoje é vice-campeão olímpico com a dupla composta por Bárbara, sua esposa, e Ágatha.

Como de costume, Bebeto estava tirando o couro da gente, e nosso jogo cresceu muito em pouco tempo. Aí, certo dia, ele se senta ao meu lado, ao fim do treino. "Grande, que orgulho de ver você assim, treinando forte desse jeito. Lembra que era o que eu te falava lá atrás, que se você trabalhasse a parte física ninguém te seguraria?"

Claro que eu lembrava. Ele tinha sido o responsável pela minha primeira convocação para a seleção. Também me deu uma grande lição ao quase me deixar de fora de um Mundial. Eu tinha mudado a minha postura, o que foi determinante para obter as minhas conquistas. Tinha fortalecido o meu corpo. Eu respondi: "Bebeto, como a gente dá valor quando aparece um amigo assim!" Foi muito marcante para mim. Ele falou de como ficou feliz de ver como eu administrava a carreira, das responsabilidades que assumi... Eu tive a chance de agradecer a ele. "Como é bom para mim ver você o mesmo Bebeto lá de trás, tirando nosso couro, mesmo que sejam só dois jogadores aqui na praia. Você está me dando o prazer enorme de te ver de novo no nosso esporte."

Bebeto era um dos meus mentores e o cara que tinha criado para o vôlei brasileiro a mentalidade vencedora que perdura até hoje. É a mentalidade competitiva que a gente pode transpor para qualquer aspecto da nossa vida, para as empresas, para o país. É o não se contentar com as glórias do passado, não se acomodar, buscar sempre o melhor. É o segundo lugar, como o do Bebeto, em 1984, que vai desaguar no título do Zé Roberto, em 1992, e na eficiência da seleção do Bernardinho em 2004, novamente campeã olímpica. Nosso vôlei atinge esse nível maior de eficiência porque já está incutida em seus atores a mentalidade do sucesso. A modalidade aprendeu a lição que toda organização precisa aprender: descartar vaidades e valorizar o comprometimento, o planejamento e a união como caminhos para o sucesso.

Nos últimos Jogos Olímpicos, fomos para o embate com vários jogadores machucados, um time bom, mas com uma pressão gigantesca por estar jogando no Brasil e que tinha o compromisso de manter o legado de uma geração tão talentosa quanto a de Nalbert, Gustavo, Giba, Serginho, Rodrigão, Murilo, Dante, Bruninho, Wallace, Sidão, Leandro, Ricardinho, Lucão e Thiago. O Bernardinho sabia que não adiantava cobrar o tempo inteiro como fazia com outras gerações. Soube ceder, mesmo fazendo um grande esforço para se conter, e se segurando por dentro, para ter sucesso com a equipe dele. Líderes são assim: sensíveis e eficientes. São caras que sabem tirar o melhor de cada equipe, de cada colaborador. É preciso compreender o *feedback* e saber como lidar com cada situação, sem achar que tem que ser a mesma pessoa com todo mundo, porque ninguém é igual a ninguém. Isso é que faz o sucesso aparecer para as equipes que essas pessoas lideram.

CAPÍTULO XVI
COMUNICAÇÃO

O doutor Márcio Cunha examinou meu joelho disse: "Tande, podemos operar, sim. Pode dar certo, ou não. Mas será que você precisa passar por isso agora?"

Era uma das senhas. E a outra foi uma ligação que recebi de um cara que tinha conhecido em 1992. Ele era repórter da Globo nos Jogos Olímpicos e iria entrar ao vivo. Então, ele pediu para alguém da seleção de vôlei dar uma entrevista para ele. Eu pensei: "Sempre ajudam a gente, vou lá falar com ele."

Era o Luiz Fernando Lima. Ele ficou agradecido e disse: "Todos os jogos que forem passando, vou desejar boa sorte para vocês." E assim foi até o final, com uma relação muito boa.

Passaram-se 14 anos e ele virou diretor de Esporte da Globo. E se lembrou do meu nome. Ele me ligou e disse: "Tenho uma notícia boa e uma ruim para te dar. Qual delas você quer primeiro?" Eu respondi que queria a boa.

"A boa é que a gente quer você aqui, como comentarista. Queremos que você se comunique do seu jeito, de forma natural, para falar com as pessoas que gostam de vôlei, mas não entendem nada de regras, estratégias etc..."

Falei: "Pô, que legal! E a má notícia?" E ele: "Você vai ter que parar de jogar."

Tomei um susto. Caramba, de novo vou ter que escolher trocar o certo pelo incerto? O jogo da vida quer que eu encare mais uma vez uma espécie de final olímpica?, pensei. Eu só sabia ser atleta e pai de família. E tinha sido assim por trinta anos. Ele foi bem claro e direto: "Mas, Tande, quanto tempo você acha que ainda vai ser produtivo? Estou te dando a chance de buscar um novo caminho."

Eu era vice-campeão mundial e campeão brasileiro. Os Jogos Olímpicos ainda eram a meta. Mas, olhando para a frente, o joelho era o problema. "Será que chego a Atenas 2004?"

Enfim, acredito que, quando nós agimos de modo correto, as coisas vão se encaminhando e o que nos cabe é fazer as escolhas certas. Aquela oportunidade que surgia para mim ali tinha a sua origem em 1992. Quando fui falar com o Luiz Fernando, abri a porta que seria o meu caminho para uma nova reinvenção. Fiz um amigo que se lembrou de mim, foi generoso e resolveu apostar. O mundo é uma roda. Em suas voltas, a gente se reencontra com os problemas que deixou no passado ou com novas possibilidades. A forma como agimos em relação ao outro vai voltar para nós, de forma positiva ou negativa.

Eu começaria ali a exercitar algo que pode ser natural em mim, já que eu sempre fui muito descontraído como jogador, pegava a câmara, brincava com os companheiros. Mas fazer isso de forma profissional implica o uso de várias técnicas, há formas de aperfeiçoar. A arte de comunicar inclui a escolha do linguajar adequado e do momento de abordar cada assunto, a adaptação do discurso para cada plateia e muitos outros fatores. Tudo sem abrir mão da naturalidade. Eu estaria do lado de grandes repórteres que contavam a minha história e a dos meus companheiros no vôlei de quadra e de praia. Só que agora eu é que contaria a história dos atletas que estavam surgindo. Veria o esporte por outro ângulo. Pensar assim me fez perceber que aquela oportunidade seria muito enriquecedora para o meu crescimento individual, como empreendedor e até para uma outra via, que nessa época eu ainda nem suspeitava que trilharia, a de palestrante.

No entanto, eu temia deixar a minha paixão para trás. Era uma decisão cruel. "Você vai ter uma vida mais longa no esporte aqui do que jogando", ele retrucou.

Luiz Fernando disse que já via uma coisa em mim nas entrevistas, essa capacidade de me comunicar, de entreter as pessoas enquanto falava, de ser bem-humorado. E parti para desenvolver esse meu lado, com o qual, de várias formas, trabalho até hoje.

Eu já tinha minhas coisas fora do esporte. Tinha investido na rede de academias Bodytech, mas é difícil você contar apenas com um negócio, sobretudo nessa área, onde o vento muda de direção muito rápido. Percebi que era uma oportunidade de verdade e que meus temores eram só por causa da dificuldade de aceitar a ideia de estar fora da competição esportiva, do jogo em si.

Eu não tinha carteira assinada. E cada vez menos gente vai ter. Então, aprendi a diversificar minhas possibilidades. Assim, se uma fonte não vai bem, a outra compensa, e assim você vai mantendo um padrão de renda que pode não ser igual ao do tempo de atleta, mas é suficiente para poder fazer as coisas que gosta — no meu caso, sobretudo, poder viajar de vez em quando com a minha família, assistir aos shows do U2, coisas que são importantes para mim.

Meu primeiro investimento em empresas também veio dessa coisa de estar atento a oportunidades. Eu e o Giovane treinávamos na praia e almoçávamos em Ipanema, que tinha um bufê bem gostoso, o Estação. No segundo andar tinha uam área só de massas, era o Spolletinho. Mais tarde, os donos do restaurante, Mário e Eduardo, nos convidaram para virar sócios do Spolleto. Também empreendi na rede de academias Bodytech. Depois vieram outras tacadas, algumas bem-sucedidas, outras nem tanto.

Estou há 15 anos na TV Globo. Já trabalhei na emissora entrevistando, comentando e apresentando programas. Cumprir todas essas tarefas foi sempre prazeroso. Mas nunca nada foi fácil ou confortável para quem começava na televisão, em meio a grandes e experientes profissionais. A primeira coisa que fiz como repórter foi um "camarote dos famosos" dentro do Maracanãzinho, num jogo de vôlei. Também participei, como comentarista, da cobertura dos Jogos Olímpicos de 2004 e 2008, além de várias Ligas e Campeonatos Mundiais.

Em 2011, Luiz Fernando e João Pedro Paes Leme vieram com a ideia do *Corujão do Esporte*, que logo de saída teve uma audiência muito expressiva. Eu tive que aprender a apresentar ali, me esforçando para manter a tranquilidade. Estava permanentemente fora da zona de conforto, mas dava um jeito de me sair bem. Tinha uma vantagem, pelo menos. Como o programa era gravado, meus erros podiam ser editados. A diretora Rosane Araújo, que já me acompanhava como atleta e virou uma amigona, não me deixava passar vergonha. Entrevistei no programa nada mais nada menos que Serginho Groisman, Fátima Bernardes e grandes artistas que passaram por lá falando de esporte. Deu tão certo que fui chamado para assumir a apresentação do *Esporte Espetacular*, que não estava em um bom momento. Meu amigo, o judoca Flávio Canto assumiu o *Corujão* quando eu fui para as manhãs de domingo, ao lado da talentosa Glenda Kozlowski. A estreia foi muito emocionante. A Glenda lembrou que teve uma trajetória semelhante à minha, vindo do esporte (bodyboard) para a televisão.

O *Esporte Espetacular* era ao vivo, com três horas de programa. E não havia a mesma liberdade para brincar que eu tinha no *Corujão*. Não era fácil, parecia com as minhas partidas: às vezes eu acertava, às vezes eu errava. Mas quando errava, ia para casa triste. Aí tentava me capacitar, ensaiava, planejava e treinava um pouco mais antes do programa seguinte. O que eu tinha de talento no vôlei, na TV precisava ser compensado com muito esforço e treinamento. E mesmo assim, passei umas vergonhas. O que me consola é que todo mundo tem seus "causos" de problemas ao vivo, como este aqui que aconteceu comigo. Era abertura da Copa América da Argentina e nós transmitimos o *Esporte Espetacular* direto de Buenos Aires.

    Estava um frio tenebroso, algo tipo 4°C. Começamos a transmissão, todos encapotados, com luva, gorro, cachecol... Fizemos a abertura e passamos para São Paulo, onde havia um evento com uma megarrampa de skate. A Glenda, que não estava bem com aquele frio todo, foi para o vestiário enquanto estava no ar a transmissão do evento da megarrampa.

    Eu fiquei ali e distribuí pastilhas para todo mundo e botei uma na boca, para tentar manter a voz durante todo o programa. Faltando cerca de dez minutos do que estava combinado, começam a sinalizar no ponto que iria "voltar" para mim. Então, eu perguntei: "E o que eu chamo?" O diretor, também surpreso, respondeu: "Pera aí que já falo contigo." E começa uma bateção de cabeça danada. Então, ficou aquele impasse. Eu já estava desesperado porque não sabia o momento em que voltaria ao ar e nem o que eu deveria dizer, que reportagem chamaria, se pediria os comerciais, enfim, como daria sequência ao programa. Foi quando me lembrei da pastilha e pensei: "Se voltar agora, eu vou falar tudo embolado com essa pastilha na minha boca." No desespero, cuspi a bala.

    Não deu outra. Já estava no ar. Só ouço no ponto eletrônico: "Que é isso, Tande? Cara, você tá no ar." Eu balbuciei alguma coisa tipo "a megarrampa é muito legal", chamei os comerciais e fiquei ali parado, querendo sumir, querendo voltar no tempo e estar numa quadra de vôlei. Respirei fundo tentando me convencer de que ninguém tinha visto e aí a Glenda volta e fala: "O que você fez, Tande? Tá bombando na internet." Que desespero! Fui parar no "Top 5" do *CQC*, no *Pânico na TV* e em vários outros programas.

Na verdade, eu teria várias opções para sair daquela se já tivesse o domínio da coisa. Caso eu desse um passo à direita, eu sairia do quadro e poderia me livrar da bala sem riscos. Se voltasse ao ar, o estádio estaria na cena e eu entraria tranquilamente. O fato é que houve falha na comunicação, e dentro de um time isso pode ter consequências graves. Mas isso mostra que, por mais que a gente busque a capacitação para entregar um trabalho de excelência, a reinvenção não é um caminho fácil. Todo mundo erra e todos falharemos em algum momento. A forma como você sai disso e encontra soluções é que vai mostrar o seu valor.

Outra experiência marcante na TV foi quando eu passei a fazer reportagens. Gostei muito disso. O nome de quem ia cobrir as competições nunca era o meu. Eu sabia que jamais seria mandado para acompanhar o amistoso da seleção brasileira de futebol em Nova York ou para a corrida de rua em Berlim, então, acabei vendo oportunidade de trabalhar em modalidades menos tradicionais, e passei a vender essas ideias pouco convencionais, que eu sabia que poucas pessoas se animariam a fazer.

Um exemplo disso foi a corrida do *Tough mudder*, nos Estados Unidos, uma competição de resistência de 21 Km, que envolve muita lama, choques com fios desencapados, submersão no gelo e coisas do gênero; a reportagem teve produção de Rafael Honório e Mônica Leitão além do Cleber Schettini como repórter cinematográfico. Outro exemplo foi a corrida de toras com índios do Xingu de que participei, de cara pintada, junto com o produtor Rafael Freitas e o repórter cinematográfico Álvaro Santana. Não só tive que carregar aquele peso todo que quase arrebentou minhas costas (as toras tinham cerca de cem quilos), como ainda fui pintado pelo cacique, que cuspia na mão o urucum e o passava no meu corpo, já que para participar da corrida era preciso se apresentar como um guerreiro. Também ganhei o *Hipertensão*, que era apresentado pelo Zeca Camargo, mas para isso tive que deitar em um caixão e aguentar baratas passando pelo meu rosto, cobras no peito e minhocas nas pernas. Aquilo era só para os fortes... Além de tudo isso, ainda fiz *stand up paddle* nos pés das cataratas do Iguaçu e mais uma enorme variedade de esportes. De quebra, conheci novas culturas, várias pessoas, uma infinidade de histórias.

A que mais me emocionou foi a de Katilaine, moradora de uma comunidade de pescadores do litoral baiano, onde, até um tempinho atrás, não tinha nem luz. Para se chegar ali, saindo do Rio de Janeiro, primeiro se faz uma viagem até Salvador, depois é preciso ir para Ilhéus, em seguida para Canavieiras, e só então toma-se um barco que navega por um rio paralelo ao mar por mais uma hora. Nessa avenida de água que me levou ao lugarejo onde faríamos a reportagem, e especialmente durante nossa estada ali, me dei conta de como o esporte atinge regiões impensáveis e por isso tem esse enorme poder transformador. A Katilaine é um exemplo impressionante. Ela jogava vôlei se arrastando, porque tinha um problema nas pernas e os pés virados para dentro. Quando bebê, se tivesse sido submetida ao teste do pezinho, a enfermidade teria sido detectada e poderia ser tratada. A matéria ficou tão bonita que despertou a atenção do Bernardinho. Sensibilizado, ele resolveu pagar todas as despesas para que ela pudesse operar e hoje a menina está andando.

Essa possibilidade de ajudar pessoas, direta ou indiretamente, com meu trabalho dentro de uma empresa de comunicação me toca profundamente. Eu saí dessas reportagens, com toda certeza, mais enriquecido como ser humano. Foi outro grande aprendizado.

Já as palestras começaram quando eu ainda estava jogando na praia. Eu já era um atleta muito experiente e então fui convidado por Edson Mauro, narrador esportivo na rádio Globo, me chamou para um evento do jornal *O Globo*. Era para falar para jovens, da área comercial, sobre a minha experiência. Quando recebi a proposta, eu disse que não tinha noção de como se fazia isso. Mas acabei topando e, como sempre, aprendi muito. Uma grande parceira que tenho atualmente nessa trajetória é a amiga Melissa Vlasic, que me ajuda em tudo.

Passado o receio inicial, posso dizer agora que adoro fazer palestras. Existe uma adrenalina, uma incerteza sobre o que vai acontecer, a necessidade de se superar para manter a atenção da audiência, que me desafia. Parece que estou entrando de novo em uma final olímpica e gosto muito disso.

Assim como nas quadras eu não aguentava ver a torcida quieta e chamava para participar, nas palestras eu vou sentindo a energia das pessoas, o carinho, a proximidade, e isso me alimenta. Essa emoção é a pedra de toque da minha vida.

Na primeira palestra, confessei que nunca tinha feito algo como aquilo na vida. Fui superautêntico e revivi a minha história para eles e para mim mesmo. Acho que fui bem. O Edson me puxou e disse: "Você tem futuro nessa atividade. Tem coisas que você ainda vai pegar com o tempo. Vamos trabalhar isso." Outro que me incentivou a seguir por esse caminho foi o amigo e grande ídolo do basquete, Oscar Schmidt. Então, eu fui em frente.

Com o tempo, aprendi que é diferente falar para um grupo de jovens, onde se pode brincar um pouco mais, e para um grupo de executivos interessados em bater metas, que querem minha experiência de campeão olímpico e líder no meu esporte.

Eu aprendi a me planejar para cada audiência, para cada empresa, para cada público. E a dar importância à interação. Minha mãe sempre falava: "Filho, trata as pessoas bem, seja uma pessoa leve, seja agradável para as pessoas, não se ache mais do que ninguém." Ela se preocupava com isso e eu acredito que tenha herdado essa característica dela. Ao final da palestra, sempre falo com todo mundo, algumas vezes por horas.

Principalmente, aprendi, como tentei fazer ao longo dessas páginas, a explorar os muitos paralelos que existem entre o vôlei, no nível competitivo que eu joguei, e a vida corporativa ou mesmo a vida em família. A confiança na liderança,

a confiança no próprio time, os caminhos para o sucesso...
E por trás de tudo está sempre a necessidade da reinvenção.
Hoje em dia, a marca da nossa sociedade é a mudança contínua. Toda hora aparecem novas empresas, com novas tecnologias. As *startups* quebram paradigmas, com uma molecada chegando forte. Eles mostram conteúdo o tempo inteiro e nos dão novas lições sobre as diferentes possibilidades de fazer negócios, buscar horizontes, reinventar o mundo e a si mesmo.

Trocar com essas pessoas, participar de palestras em empresas da Nova Economia, foi uma coisa que me deu ainda mais noção do dinamismo que o meu trabalho e que o trabalho de todos os profissionais inseridos em um contexto competitivo precisam assumir.

O futuro não vai ser igual ao passado. Por ora, tenho várias atividades e elas me desafiam e satisfazem. Mas um dia a novidade envelhece, o tempo passa. Então, em todos os sentidos da vida, a reinvenção é diária. O problema é que, às vezes, a ficha demora a cair. As pessoas acreditam que elas serão eternas e o presente será sempre o mesmo. E é aí que está o erro, porque quem pensa assim não se prepara para quando o futuro chega.

Por isso, quero encerrar essa jornada aqui falando sobre a necessidade de se reciclar a cada dia. Eu passei por muitas cidades, muitos países, por muitas situações, joguei na quadra, na praia... me reinventei como apresentador, repórter, comentarista, palestrante, empreendedor. Ganhei experiência. E acordo todo dia tentando descobrir o que eu posso fazer de diferente.

No fundo, o que eu quero é ter novas ideias. Como essa molecada das *startups*. Eventualmente, eles criam do nada coisas que mudam nossa vida e nossa maneira de pensar. Reinventam a sociedade, mas sem perder a leveza. Então, o que quero na minha vida e que acredito que cada um de nós pode fazer é isso: aprender a pensar diferente e a criar hoje aquilo que ontem a gente nem imaginava que seria possível — pode ser um novo saque ou uma grande sacada.

AGRADECIMENTOS

Agora preciso traduzir minha história em agradecimentos a todas as pessoas que cruzaram meu caminho, da mais simples a reis e presidentes que tive a possibilidade de conhecer com o voleibol.
    Hoje, dia em que estou concluindo a escrita deste livro, é justamente o Dia do Vôlei. Por isso gostaria de mencionar todos que fizeram e ainda fazem parte da história desse esporte no Brasil, desde 1964, quando, comandados pelo saudoso técnico Sami Mehlinsky, participamos pela primeira vez de uma Olimpíada e aprendemos a dar manchete. Deixo aqui um agradecimento coletivo a esses desbravadores brasileiros e às seleções que vieram depois deles, com tantos jogadores excepcionais, que construíram o caminho trilhado até a genial Geração de Prata e as subsequentes, incluindo a minha. Foram vocês que inspiraram a mim e a meus companheiros, mostrando que seria possível chegar aonde quiséssemos,

independentemente de nosso país ser considerado de terceiro mundo. No final do livro, incluí uma tabela com todos os atletas do volei masculino e feminino que defenderam o Brasil no Jogos Olímpicos, construindo uma história de sucesso.

Ganhamos a primeira medalha de ouro em esportes coletivos em 1992, e eu sou muito grato a todos os companheiros que estavam lá comigo, à comissão técnica, a Bebeto de Freitas, Zé Roberto Guimarães, Marcos Pinheiro, Jorjão, Jerônimo Perdomo, Josenildo Carvalho, Imai Nobuhiro, Fredy (meu primeiro técnico), Afonso, Marquinhos, Marco Freitas, Edmilson, Leão, Radamés, Alemão, e todos que passaram pela minha vida, sem exceção. Graças a eles tenho hoje a oportunidade de contar a minha história. Graças a amigos e companheiros de equipe, consegui aguentar por tantos períodos a distância da minha família. Foram eles que se tornaram para mim uma grande família, na qual sempre me senti acolhido. Vocês são realmente importantes nessa trajetória.

Também preciso agradecer aos parceiros do vôlei de praia: Emanuel, com quem fui campeão mundial; Franco; Giovanni, que já tinha jogado comigo na quadra e esteve ao meu lado em duas Olimpíadas, e todos com quem joguei e de quem fiquei amigo. Vocês me deram a chance de me reinventar.

Às novas gerações da quadra e da praia; a Bernardinho e Renan, que treinaram os meninos que vieram depois de mim e dos meus companheiros; a todas as jogadoras do vôlei feminino; aos adversários, que nos estimulavam a treinar mais, a buscar com mais garra as vitórias. Muito obrigado a cada um de vocês.

Quero, sobretudo e principalmente, agradecer a minha família. A minha irmã, para mim uma referência de pessoa forte e equilibrada, que esteve comigo em todos os momentos, me inspirou a seguir por esse caminho e sempre torceu por mim. Ao meu irmão, um cara do bem, que não se abala por nada, mesmo que o mundo esteja caindo ao seu lado, e que passa essa tranquilidade para todos nós. Aos meus cunhados, Adriana e Alemão, aos meus sobrinhos, que eu amo tanto, Tom e Mila (filhos da Nana e do Alemão) e Carol (filha do Celo e da Adriana). Aos meus falecidos pais... Se conquistei tudo isso foi graças a eles, à educação que deram a mim e a meus irmãos, à humildade que nos ensinaram a ter aliada à consciência de que é importante tratar todo mundo igualmente, de não achar que somos melhores do que ninguém. Isso contribuiu demais para a minha formação, fez com que eu fosse mais produtivo em outras áreas. Minha gratidão a vocês é imensa, como penso que deveria ser a de todos os filhos a seus pais.

Termino falando dos maiores bens da minha vida, meus filhos, Yago e Yasmin. O amor que sinto por vocês chega a doer... E por mais incrível que tenha sido conquistar tantos títulos, ter vocês é a minha maior vitória. Não foi fácil aguentar a distância tantas vezes, só não me arrependo porque fiquei longe para proporcionar o melhor futuro para vocês. Enquanto eu estiver aqui, vocês vão poder contar comigo.

Dizem que, para ser completo, o homem precisa deixar um legado. Ter filhos, plantar uma árvore, escrever um livro. É uma emoção grande ver o meu legado registrado aqui e saber que meus netos e meus bisnetos poderão conhecê-lo. Se este livro conseguir inspirar uma pessoa que seja, terei alcançado meu objetivo no jogo da vida.

ATLETAS OLÍMPICOS BRASILEIROS

Vôlei masculino

1964 – Tóquio – 7ª colocação

Amilton de Oliveira; Carlos Feitosa; Carlos Nuzman; Décio de Azevedo; Emanuel Newdon; João Cláudio França; José Maria da Costa (Zé Maria); Josias Ramalho; Marco Antônio Volpi; Victor Borges.

1968 – México – 9ª colocação

Carlos Feitosa; Décio de Azevedo; José Maria da Costa (Zé Maria); Marco Antônio Volpi; Victor Borges; Antônio Carlos Moreno; Gerson Schuch; João Jens; Jorge de Souza (Memeco); Mário Dunlop; Paulo Petterle; Sérgio Teles Pinheiro.

1972 – Munique – 8ª colocação

Aderval Arvani; Alexandre Abeid; Antônio Carlos Moreno; Celso Kalache; Décio Cattaruzzi; João Jens; Jorge Delano; José Marcelino Negrelli; Luiz Zech Coelho; Mário Marcos Procópio; Paulo Roberto de Freitas (Bebeto); Paulo Sevciuc (Paulo Russo).

1976 – Montreal – 7ª colocação

Antônio Carlos Moreno; Alexandre Abeid; Bernard Rajzman; Celso Kalache; Elói de Oliveira; Fernando de Ávila (Fernandão); Jean Luc Rosat (Suíço); José Roberto Guimaraes; Paulo Petterle; Paulo Roberto de Freitas (Bebeto); Sérgio Danilas; William Carvalho da Silva.

1980 – Moscou – 5ª colocação

Amauri Ribeiro; Antônio Carlos Moreno; Antônio Carlos Ribeiro (Badalhoca); Bernard Rajzman; Bernardo Rezende (Bernardinho); Deraldo Wanderley; Jean Luc Rosat (Suíço); João Grangeiro; José Montanaro Júnior; Mário de Oliveira Neto (Xandó); Renan Dal Zotto; William Carvalho da Silva.

1984 – Los Angeles – Medalha de Prata

Amauri Ribeiro; Antônio Carlos Ribeiro (Badalhoca); Bernard Rajzman; Bernardo Rezende (Bernardinho); Domingos Lampariello Neto (Maracanã); Fernando de Ávila (Fernandão); José Montanaro; Marcus Vinícius Simões Freire; Mário de Oliveira Neto (Xandó); Renan Dal Zotto; Rui Campos Nascimento; William Carvalho da Silva.

1988 – Seul – 4ª colocação

Amauri Ribeiro; André Felipe Ferreira (Pampa); Antônio Carlos Gouveia (Carlão); Domingos Lampariello Neto (Maracanã); Jose Montanaro; Leonidio De Pra Filho (Léo); Maurício Camargo Lima; Paulo André da Silva (Paulão); Paulo Roese; Renan Dal Zotto; Wagner Antônio da Rocha (Bocão); William Carvalho da Silva.

1992 – Barcelona – Medalha de Ouro

Alexandre Ramos Samuel (Tande); Amauri Ribeiro; André Felipe Ferreira (Pampa); Antônio Carlos Gouveia (Carlão); Douglas Chiarotti; Giovane Gávio; Janelson dos Santos Carvalho; Jorge Edson de Brito; Marcelo Negrão; Maurício Camargo Lima; Paulo André da Silva (Paulão); Talmo Curto de Oliveira.

1996 – Atlanta – 5ª colocação

Alexandre Ramos Samuel (Tande); Antônio Carlos Gouveia (Carlão); Carlos Schwanke; Cássio Leandro Pereira; Fábio Marcelino (Pinha); Gilson Alves Bernardo; Giovane Gávio; Marcelo Negrão; Maurício Camargo Lima; Max Pereira; Nalbert Bitencourt; Paulo André da Silva (Paulão).

2000 – Sidney – 6ª colocação

Alexandre Ramos Samuel (Tande); André Heller; Dante Guimarães do Amaral; Douglas Chiarotti; Gilberto de Godoy Filho (Giba); Gilmar Nascimento Teixeira (Kid); Giovane Gávio; Gustavo Endres; Marcelo Elgarten (Marcelinho); Maurício Camargo Lima; Max Pereira; Nalbert Bitencourt.

2004 – Atenas – Medalha de Ouro

Anderson de Oliveira Rodrigues; André Heller; André Nascimento; Dante Guimarães do Amaral; Gilberto de Godoy Filho (Giba); Giovane Gávio; Gustavo Endres; Maurício Camargo Lima; Nalbert Bitencourt; Ricardo Bermudez Garcia (Ricardinho); Rodrigo Santana (Rodrigão); Sérgio Dutra dos Santos (Escadinha).

2008 – Pequim – Medalha de Prata

André Heller; Anderson de Oliveira Rodrigues; André Nascimento; Bruno Mossa de Rezende (Bruninho); Dante Guimarães do Amaral; Gilberto de Godoy Filho (Giba); Gustavo Endres; Marcelo Elgarten (Marcelinho); Murilo Endres; Rodrigo Santana (Rodrigão); Samuel Fuchs; Sérgio Dutra dos Santos (Escadinha).

2012 – Londres – Medalha de Prata

Bruno Mossa de Rezende (Bruninho); Dante Guimarães do Amaral; Gilberto de Godoy Filho (Giba); Leandro Neves; Lucas Saatkamp; Murilo Endres;

Ricardo Bermudez Garcia (Ricardinho); Rodrigo Santana (Rodrigão); Sérgio Dutra dos Santos (Escadinha); Sidnei dos Santos Júnior (Sidão); Thiago Alves; Wallace Leandro de Souza.

2016 – Rio de Janeiro – Medalha de Ouro

Bruno Mossa de Rezende (Bruninho); Douglas Correia de Souza; Éder Francis Carbonera; Evandro Motta Marcondes Guerra; Lucas Saatkamp; Luiz Felipe Marques Fonteles; Maurício Borges Almeida Silva; Maurício Luiz de Souza; Ricardo Lucarelli Santos Souza; Sérgio Dutra dos Santos (Escadinha); Wallace Leandro de Souza; William Peixoto Arjona.

Vôlei feminino

1980 – Moscou – 7ª colocação

Denise Mattiolli; Eliana Aleixo; Fernanda Emerick da Silva; Ivonete das Neves; Jaqueline Louise Cruz Silva (Jackie); Lenice Oliveira; Maria Auxiliadora Castanheira (Dôra); Maria Isabel Salgado; Paula Mello Hernandez; Regina Vilela; Rita Zanata; Vera Mossa.

1984 – Los Angeles – 7ª colocação

Ana Margarida Vieira Alvares (Ida); Ana Richa Medeiros; Eliani da Costa (Lica); Fernanda Emerick da Silva Rangel; Heloísa Roese; Jaqueline Louise Cruz Silva (Jackie); Luiza Machado; Maria Isabel Salgado; Mônica da Silva; Regina Uchoa Pereira; Sandra Maria Lima; Vera Mossa.

1988 – Seul – 6ª colocação

Ana Beatriz Moser; Ana Claudia Ramos; Ana Lúcia Barros; Ana Richa Medeiros; Eliani da Costa (Lica); Fernanda Porto Venturini; Kerly Cristiane dos Santos; Márcia Regina Cunha (Márcia Fu); Maria Auxiliadora Castanheira (Dôra); Sandra Maria Lima; Simone Storm; Vera Mossa.

1992 – Barcelona – 4ª colocação

Ana Beatriz Moser; Ana Flávia Chritaro; Ana Lúcia Barros; Ana Margarida Vieira Alvares (Ida); Ana Paula Connelly-Henkel; Cilene Rocha-Drewnick; Cristina Pacheco Lopes (Tina); Fernanda Porto Venturini; Hélia Rogério de Souza Pinto (Fofão); Hilma Aparecida Caldeira; Leila Gomes de Barros Rego; Márcia Regina Cunha (Márcia Fu).

1996 – Atlanta – Medalha de Bronze

Ana Beatriz Moser; Ana Flávia Chritaro; Ana Margarida Vieira Alvares (Ida); Ana Paula Connely-Henkel; Ericleia Bodziak (Filó); Fernanda Porto Venturini; Hélia Rogério de Souza Pinto (Fofão); Hilma Aparecida Caldeira; Leila Gomes de Barros Rego; Márcia Regina Cunha (Márcia Fu); Sandra Maria Lima; Virna Dantes Dias.

2000 – Sydney – 4ª colocação

Elisangela Almeida de Oliveira; Érika Kelly Coimbra (Kiki); Hélia Rógerio de Souza Pinto (Fofão); Janina Deia da Conceição; Karin Rodrigues; Kátia Andreia Lopes Monteiro; Kely Kolasco Fraga; Leila Gomes de Barros Rego; Raquel Peluci da Silva; Ricarda Raquel Barbosa Lima; Virna Dantes Dias; Walewska Moreira de Oliveira.

2004 – Atenas – 4ª colocação

Ana Beatriz das Chagas (Bia); Arlene de Queiroz Xavier; Elisângela Almeida de Oliveira; Érika Kelly Coimbra (Kiki); Fabiana Marcelino Claudino; Fernanda Porto Venturini; Hélia Rogério de Souza Pinto (Fofão); Marianne Steibrecher (Mari); Valeska dos Santos Menezes (Valeskinha); Virna Dantes Dias; Walewska Moreira de Oliveira; Welissa de Souza Gonzaga (Sassá).

2008 – Pequim – Medalha de Ouro

Carolina Demartini de Albuquerque (Carol); Fabiana Alvim de Oliveira (Fabi); Fabiana Marcelino Claudino; Hélia Rogério de Souza Pinto (Fofão); Jaqueline Maria Pereira de Carvalho-Endres (Jaque); Marianne Steibrecher (Mari); Paula Renata Pequeno; Sheilla Tavares de Castro Blassiolli; Thaisa Daher de Menezes; Valeska dos Santos Menezes (Valeskinha); Walewska Moreira de Oliveira; Welissa de Souza Gonzaga (Sassá).

2012 – Londres – Medalha de Ouro

Adenizia Ferreira da Silva; Danielle Rodrigues Lins (Dani); Fabiana Alvim de Oliveira (Fabi); Fabiana Marcelino Claudino; Fernanda Ferreira (Fernandinha); Fernanda Garay Rodrigues; Jaqueline Maria Pereira de Carvalho Endres (Jaque); Natália Zilio Pereira; Paula Renata Pequeno; Sheilla Tavares de Castro Blassiolli; Tandara Caixeta; Thaisa Daher de Menezes.

2016 – Rio de Janeiro – 5ª colocação

Adenizia Ferreira Silva; Danielle Rodrigues Lins; Fabiana Marcelino Claudino; Fernanda Garay Rodrigues; Gabriela Braga Guimarães (Gabi); Jaqueline Maria Pereira de Carvalho Endres (Jaque); Josefa Fabíola Almeida de Sousa; Juciely Cristina Silva Barreto; Léia Henrique da Silva; Natália Zilio Pereira; Sheilla Tavares de Castro Blassiolli; Thaísa Daher de Menezes.

Fonte: Confederação Brasileira de Voleibol – CBV

Direção editorial
Daniele Cajueiro

Editores responsáveis
Janaina Senna
Hugo Langone

Produção editorial
Adriana Torres
Carolina Rodrigues

Revisão
Mariana Oliveira
Wendell Setúbal

Projeto gráfico e diagramação
Filigrana

Este livro foi impresso em 2019
para a Agir.